Fit for Future

Reihe herausgegeben von
Peter Buchenau
The Right Way GmbH
Waldbrunn, Deutschland

Die Zukunft wird massive Veränderungen im Arbeits- und Privatleben mit sich bringen. Tendenzen gehen sogar dahin, dass die klassische Teilung zwischen Arbeitszeit und Freizeit nicht mehr gelingen wird. Eine neue Zeit – die sogenannte „Lebenszeit" – beginnt. Laut Bundesregierung werden in den nächsten Jahren viele Berufe einen tiefgreifenden Wandel erleben und in ihrer derzeitigen Form nicht mehr existieren. Im Gegenzug wird es neue Berufe geben, von denen wir heute noch nicht wissen, wie diese aussehen oder welche Tätigkeiten diese beinhalten werden. Betriebsökonomen schildern mögliche Szenarien, dass eine stetig steigende Anzahl an Arbeitsplätzen durch Digitalisierung und Robotisierung gefährdet sind. Die Reihe „Fit for future" beschäftigt sich eingehend mit dieser Thematik und bringt zum Ausdruck, wie wichtig es ist, sich diesen neuen Rahmenbedingungen am Markt anzupassen, flexibel zu sein, seine Kompetenzen zu stärken und „Fit for future" zu werden. Der Initiator der Buchreihe Peter Buchenau lädt hierzu namhafte Experten ein, ihren Erfahrungsschatz auf Papier zu bringen und zu schildern, welche Kompetenzen es brauchen wird, um auch künftig erfolgreich am Markt zu agieren. Ein Buch von der Praxis für die Praxis, von Profis für Profis. Leser und Leserinnen erhalten „einen Blick in die Zukunft" und die Möglichkeit, ihre berufliche Entwicklung rechtzeitig mitzugestalten.

Weitere Bände in der Reihe http://www.springer.com/series/16161

Charlotte Anabelle De Brabandt

Verhandeln in Krisenzeiten

Von Verhandlungskompetenz zu Verhandlungsintelligenz

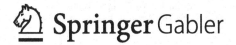 Springer Gabler

Charlotte Anabelle De Brabandt
Bielefeld, Deutschland

ISSN 2730-6941   ISSN 2730-695X   (electronic)
Fit for Future
ISBN 978-3-658-34838-0   ISBN 978-3-658-34839-7   (eBook)
https://doi.org/10.1007/978-3-658-34839-7

Die Deutsche Nationalbibliothek verzeichnet diese Publikation in der Deutschen Nationalbibliografie; detaillierte bibliografische Daten sind im Internet über http:// dnb.d-nb.de abrufbar.

Planung/Lektorat: Nora Valussi
Springer Gabler ist ein Imprint der eingetragenen Gesellschaft Springer Fachmedien Wiesbaden GmbH und ist ein Teil von Springer Nature.
Die Anschrift der Gesellschaft ist: Abraham-Lincoln-Str. 46, 65189 Wiesbaden, Germany

Geleitwort

„Aus Verhandlungskompetenz wird emotionale Verhandlungsintelligenz"

Liebe Leserinnen und liebe Leser,

bei den Olympischen Spielen 1972 verloren nach einem Verhandlungsfehler der Polizei zwölf Geiseln ihr Leben. Dieser Fall ging als „Massaker von München" in die Geschichte ein. Basierend auf dieser und anderen Verhandlungskatastrophen in den 1970er-Jahren wurde schlussendlich das Harvard Negotiation Project ins Leben gerufen. Das ausgearbeitete Harvard-Konzept, auf das Charlotte de Brabandt auch im Buch eingeht, baut auf der Tatsache auf, Verhandeln sei Kopfsache. Das stimmt aber meiner Meinung nach nicht:

Menschen sind individuell und nie durchwegs rational, schon gar nicht in Krisen-, Angst- oder Ausnahmesituationen. So entwickelten die US-Behörden FBI und CIA das sogenannte F.I.R.E-System [1]. Dieses System oder diese Kompetenz hat die Aufgabe, bei Geiselnahmen die Emotion des Gegenübers richtig zu deuten, um danach Menschenleben rettend zu verhandeln. „F.I.R.E" steht für „Facial, Instrumental, Relational and Emotional Issues". Ziel ist es, aus Mimik und Körpersprache „facial" des Verhandlungspartners auf dessen Emotionen zu schließen; „instrumental" bündelt taktische Werkzeuge zur Durchsetzung der Interessen und Ziele; mit „relational" werden Methoden zum Beziehungsaufbau erfasst; „emotional" steht für die Beeinflussung von Emotionen bei sich selbst und beim Gegenüber. Geiselnahmen sind immer Krisenverhandlungen. Ich finde es in diesem Buch gut gelungen, dass die Autorin es schafft, viele diese in „F.I.R.E" vorkommenden Techniken und Methoden für generelle Krisenverhandlungen anzuwenden. Das F.I.R.E-System ist somit auch bei Geschäfts- und Krisenver-handlungen anwendbar.

Egal ob das Gegenüber ein Geiselnehmer, ein Unter-nehmer, ein Einkäufer oder ein Verkäufer ist, so gelten immer bestimmte Prinzipien: Jede Verhandlung hat ein Ziel und mindestens zwei Parteien. Keine Partei kann ihr Ziel ohne die andere erreichen. Verhandeln heißt, eine Beziehung zum Gegenüber aufbauen, zuhören, sich einfühlen und selbst in kritischen Momenten dem Ver-handlungsgegner das Gefühl geben, er oder sie habe die Kontrolle.

Verhandlungskompetenz zu Verhandlungsperformance
Die Grundlage zum guten Verhandeln ist die Ver-handlungskompetenz, welche jede Partei an den Verhandlungstisch bringen sollte. Ist keine Verhandlungs-kompetenz vorhanden, sollte man den Kampf erst gar nicht aufnehmen. Es ist wie im Boxring. Boxen macht nur Spaß, wenn beide boxen können. Kann nur einer der Gegner im Ring boxen, ist der Kampf schnell vorbei.

So auch am Verhandlungstisch. Verhandlungsperformance baut auf der Verhandlungskompetenz auf und ist die Summe von Effektivität und Effizienz in einer Verhandlung. Die Effektivität bezeichnet dabei das Maß der Zielerreichung, während Effizienz das Verhältnis von Aufwand und Ertrag beschreibt.

> Ein Beispiel dazu: Auf dem Tisch brennt der Weihnachtskranz. Neben dem Kranz stehen eine Flasche Wasser und eine Flasche Champagner. Mit beiden Getränken kann man das Feuer löschen. Beides ist effektiv, denn mit beiden Flüssigkeiten wird das Ziel, das Feuer zu löschen, erreicht. Aber nur das Wasser ist effizient. Da der Kostenaufwand wesentlich günstiger ist.

Wie auch im gerade genannten Beispiel sind bei Krisenverhandlungen zur Verhandlungsperformancemessung das Ergebnis (Effektivität) und die Prozessgrößen (Effizienz) einzubeziehen. Ziel ist dabei die Zielerreichung mit möglichst geringem und kostengünstigem Aufwand. Das Ziel ist dabei, unter Berücksichtigung von Sach-, Beziehungs- und Laufzeitzielen, kurz-, mittel- oder langfristig zu betrachten. Weiters ist die Verhandlungsperformance auf der individuellen Ebene einzelner Verhandler, auf der Ebene von Verhandlungsteams als auch auf der Ebene von Abteilungen sowie ganzer Unternehmen oder gar Länder zu betrachten. Eine Verhandlungsperformance muss immer messbar sein.

Verhandlungsperformance zu Verhandlungsintelligenz
Fügt man nun zur Verhandlungsperformance noch eine Prise Emotion hinzu, dann sprechen wir von der Verhandlungsintelligenz. Man muss dazu das Rad nicht immer neu erfinden. Das habe ich in meiner

Management-Karriere besonders in den US-Konzernen gelernt. Es gibt in jeder Branche intelligente Köpfe. Gerade die weichen Themen wie Leadership, Motivation oder auch Verhandeln sind branchenunabhängig. Warum da nicht auf Best-Practice-Erfahrungen anderer Branchen zurückgreifen? Und das hat die Autorin sehr geschickt in diesem Buch getan. Sie schaut immer wieder über den Tellerrand der Organisationen und Branchen hinaus. Aus Verhandlungskompetenz, zu dem sie ebenfalls ein Buch im Springer Verlag mit dem Titel „Erfolgreich verhandeln" veröffentlicht hat, wird Verhandlungsperformance. In diesem Buch geht die Autorin einen Schritt weiter und prägt den Begriff der Verhandlungsintelligenz.

Mein Fazit für dieses Buch: Wer sich zum Thema „Verhandeln in Krisenzeiten" weiterbilden möchte, findet in diesem Buch Ansichten, Ideen, Möglichkeiten und Perspektiven, seine Verhandlungskompetenz in Richtung Verhandlungsintelligenz aufzubauen. Ich wünsche Ihnen, liebe Leserinnen und liebe Leser, interessante Einblicke, und der Autorin Charlotte de Brabandt viel Erfolg mit diesem Buch.

im Juni 2021   Peter Buchenau
                                         www.peterbuchenau.de

Vorwort Susan Marty

Verhandlungsgeschick ist einer der wichtigsten Aspekte, die bestimmen, wie wir uns im Leben weiterentwickeln. Jeden Tag verhandeln wir vom Moment des Aufwachens an weiter – ob wir aufstehen oder weiterschlafen sollen. Es ist sehr wichtig, vor allem für die Unternehmen. Verhandlungen sind der Schlüssel, um am Arbeitsplatz voranzukommen, Konflikte zu lösen und Wert in Verträgen zu schaffen. In den meisten kommerziellen Geschäften haben Verhandlungsparteien ähnliche Ziele, bei denen jede Seite in einer Win-win-Situation glücklich davonkommen möchte.

Um effektive Geschäftsverträge abzuschließen, ist Verhandlungsgeschick sowohl bei informellen alltäglichen Interaktionen als auch bei formellen Transaktionen wie der Aushandlung von Verkaufsbedingungen, Leasing, Leistungserbringung und anderen rechtlichen Verträgen wichtig. Gute Verhandlungen tragen erheblich zum Geschäftserfolg bei, da Sie Ihnen helfen, bessere

Beziehungen aufzubauen, dauerhafte Lösungen von guter Qualität zu liefern und zukünftige Probleme und Konflikte zu vermeiden.

Man sollte sich bemühen, unter Berücksichtigung der Bedürfnisse, Interessen und Erwartungen aller zu verhandeln. Bei einer erfolgreichen Verhandlung können Sie Zugeständnisse machen, die Ihnen wenig bedeuten, während Sie der anderen Partei etwas geben, das ihnen viel bedeutet. Es kann schwierig sein, ob Sie ein Kleinunternehmer, ein Mitarbeiter oder ein unabhängiger Auftragnehmer sind, der eine Vereinbarung ausarbeitet, die beide Parteien zufriedenstellt. Aus diesem Grund ist es sehr wichtig, über die entsprechenden Kenntnisse der Geschäftsverhandlungsstrategien zu verfügen.

Es sind nicht nur die Unternehmen, in denen Verhandlungen wichtig sind, sondern auch in unserem täglichen Leben. In unserer Familie sind Verhandlungen obligatorisch, um den Frieden zu Hause aufrechtzuerhalten. Wir alle müssen bis zu einem gewissen Grad Kompromisse eingehen, um Meinungsverschiedenheiten zu Hause zu vermeiden. Das Leben ist kurz und wir alle wollen jeden Moment davon genießen. Daher sollte jeder die notwendigen Fähigkeiten für effektive Verhandlungen erlernen, um ein glückliches und friedliches Leben zu führen.

Eine gute Verhandlung macht alle Parteien zufrieden und bereit, wieder Geschäfte miteinander zu machen. Wir alle müssen unser Bestes geben, um Verhandlungsgeschick zu erlangen, um Missverständnisse zu vermeiden und ein friedliches und stressfreies Leben sowohl persönlich als auch formal zu führen. Dieses Buch erklärt, warum Verhandlungen wichtig sind, und beschreibt Strategien und Taktiken für gute Verhandlungen. Die Autorin hat ausführlich erklärt, wie Verhandlungen in verschiedenen

Aspekten unseres Lebens funktionieren, und nützliche Tipps und Tricks angeboten, die uns helfen, bessere Leistungen zu erbringen.

Die aktuelle Pandemie hat alle in eine Situation gebracht, mit der niemand gerechnet hat. Jetzt müssen wir uns mit Umständen auseinandersetzen, mit denen wir nie verhandeln konnten. Dies ist jedoch die Realität und wir müssen uns in unserem täglichen Leben damit auseinandersetzen. Daher ist es wichtig geworden, dass wir einige Kenntnisse zur Lösung dieser Probleme erwerben. Dieses Buch ist eine hervorragende Quelle, um mehr über Verhandlungsgeschick zu erfahren, das in dieser herausfordernden und kritischen Phase von entscheidender Bedeutung ist.

im Juni 2021

Susan Marty
Institute for Supply Management
Chief Product Officer
smarty@ismworld.org
480-220-3996 cell

Vorwort Joseph Agresta

Charlotte – Eine wirklich inspirierende Person.

In meiner Karriere habe ich noch nie jemanden mit so viel intellektueller Neugier und Leidenschaft gesehen wie Charlotte. Sie hat sich von einer Studentin der Wirtschaft und Verhandlungen zu einer Lehrerin, Trainerin, Coach und Mentorin gewandelt. Mit einem Weltbild und einer ungezügelten Energie hat sie versucht, ihre Gedanken mit uns allen in dem Buch zu teilen. Charlotte versteht zutiefst, dass wir uns an einer Schnittstelle zwischen Menschen, Technologie und Innovation befinden und dass wir bei allem, was wir tun, das Gleichgewicht an dieser Schnittstelle schaffen müssen. Ich möchte sagen, dass man „inspiriert sein muss, um zu inspirieren". Charlotte inspiriert mich weiterhin und ich bin sicher, dass ihre Aufklärung alle ihre Leser inspirieren wird!

im Juni 2021

Joseph Agresta
Assistant Professor
Rutgers Business School
joseph.agresta@rutgers.edu
973-567-9192

Danksagung

Für meine Familie, Dr. Frederick, Dr. Claudia und Laurent de Brabandt, die mich täglich unterstützt und inspiriert haben „No time to waste, let's get it done".

Charlotte Anabelle De Brabandt

Inhaltsverzeichnis

Über die Autorin

Charlotte Anabelle De Brabandt ist Moderatorin und Expertin im Bereich Technologie und Verhandlung. Sie bringt globale Industrieerfahrung in den Bereichen Automobil, Uhren, IT/Software sowie Pharma und Konsumgüter mit. Bekannt wurde sie durch zahlreiche Moderationen. Sie unterstützt Unternehmen im Bereich digitale Technologien, Automatisierung und Künstliche

Intelligenz. Des Weiteren ist sie Mitglied für ihre Tätigkeiten im Bereich Einkauf im renommierten Thought Leadership Council des Instituts für Supply Management (ISM), Mitglied des Vorstands des Global Women Procurement Professionals (GWPP) und sie sitzt im Beirat des Global Council for Diversity and Inclusion in Procurement (and Supply Chain). Weitere Informationen unter: charlottedebrabandt.com

1

Verhandeln liegt in unseren Genen

1.1 No Risk – no Fun

Verloren hast du schon!

„Unser ganzes Leben ist eine einzige Chance – etwas zu erreichen, wenn man ein Wagnis eingeht. Und unser ganzes Leben ist ein einziges Risiko – etwas zu verlieren, wenn man ein Wagnis eingeht" (Peter Buchenau, Autor und Komiker).

Erinnern Sie sich noch an Ihre Jugend zurück?[1] Egal ob Sie nun drei, fünf, neun oder fünfzehn Jahre alt waren,

---

[1] Genderhinweis:

Verstehen Sie mich als Autorin dieses Buches bitte richtig. Ich bin eine Frau und das mit vollem Stolz. Ich unterstütze viele Initiativen, um die Rolle der Frau in der Gesellschaft zu stärken. In diesem Buch habe ich aber bewusst darauf verzichtet, die neuen Genderwörter zu verwenden. Dieses Gendering würde den Lesefluss des Buches massiv beeinträchtigen und vom Inhalt des Themas ablenken.

© Der/die Autor(en), exklusiv lizenziert durch Springer Fachmedien Wiesbaden GmbH, ein Teil von Springer Nature 2021
C. A. De Brabandt, *Verhandeln in Krisenzeiten*, Fit for Future,
https://doi.org/10.1007/978-3-658-34839-7_1

Sie waren ein echter Verhandlungsexperte. In jeder dieser Altersstufen haben Sie verhandelt, gegen Ihre Eltern. Ihre Eltern waren gewiss größer, stärker und erfahrener und trotzdem haben Sie es gewagt, als Schwächere gegen diese Übermacht anzutreten und zu verhandeln. Mal haben Sie gewonnen, mal haben Sie verloren. So haben Sie sich sicherlich mit siebzehn, so wie ich damals als heranwachsende junge Frau, so wie viele andere Teenies übrigens auch, darauf vorbereitet, wie Sie es schaffen konnten, vielleicht am Abend im örtlichen Club, in der nahen Diskothek oder bei einer privaten Party, die eine oder andere Stunde mehr herauszuholen. Sie haben Argumente gesammelt, haben vielleicht schon Tage vorher damit begonnen, Ihre Hausaufgaben ordentlich zu machen und im Haushalt brav mitzuhelfen, um einen guten Eindruck zu hinterlassen, damit Ihr späterer Verhandlungspartner, also Ihre Eltern, vielleicht etwas großzügiger in der Verhandlung sind, und Zugeständnisse zu Ihren Gunsten machen. Manchmal hat das geholfen und manchmal nicht.

Gesetzt den Fall, Sie hatten diese Verhandlung verloren. Wie oft, und sind Sie nun bitte ehrlich zu sich selbst, haben Sie das vereinbarte Verhandlungsergebnis gebrochen? Es ist kurz vor zehn Uhr abends und eigentlich müssten Sie sich nun auf dem Nachhauseweg begeben, um rechtzeitig, wie mit Ihren Eltern verhandelt, zu Hause zu sein. Doch die Stimmung ist super, Sie tanzen, lachen und haben eine Menge Spaß. Die meisten

---

Verhandlungsgegner versus Verhandlungspartner
In diesem Buch werden Sie beide Definitionen lesen. Es gibt je nach Krisensituation Verhandlungen, bei welcher Sie Ihr Gegenüber als Partner oder aber auch als Gegner sehen müssen. Beide Definitionen haben somit ihre Berechtigung.

Ihrer Freundinnen dürfen noch länger bleiben, Sie eigentlich nicht. Was tun? Wenn Sie nun nach Hause gehen, halten Sie zwar das Verhandlungsergebnis mit Ihren Eltern ein, verlieren aber Ihr Gesicht innerhalb der Clique und werden sicherlich gehänselt und als schwach dargestellt. Bleiben Sie länger, gehören Sie zur Clique, sind cool und anerkannt, verlieren aber den Respekt bei Ihren Eltern und werden wahrscheinlich mit einer Strafe belegt. Sie haben ein vereinbartes Verhandlungsergebnis gebrochen. Egal, wie Sie sich entscheiden werden, Sie werden einerseits gewinnen und anderseits verlieren. Ja, verloren haben Sie schon. Jetzt kommt es darauf an abzuwägen, welcher persönliche Gewinn Ihnen mehr wert ist. Egal, wie Sie sich damals als Teenie entschieden haben, Sie waren stets bereit, dafür auch die Konsequenzen zu tragen.

Doch heute scheuen viele Menschen Verhandlungen und haben Angst vor den Konsequenzen. Ihr Motto ist, lieber gar nicht verhandeln als falsch verhandeln und verlieren. Wo ist ihr Kampfgeist geblieben? Bedenken Sie, wer nicht verhandelt, hat schon verloren.

1.2   Darf es ein bisschen mehr sein?

Mit Sicherheit haben Sie diese Frage schon an irgendeiner Wurst- und Fleischtheke von einer freundlichen Fleischereifachverkäuferin in Ihrem Lieblingssupermarkt gehört. Und lassen Sie mich raten, was haben Sie in der Regel geantwortet?

Meist mit einem „Na klar", „Ja, gerne" oder „Gar kein Problem". Auch wenn es Ihnen nicht bewusst war, im übertragenen Sinne haben Sie sich auf eine Verhandlung eingelassen und kampflos verloren. Eben, verloren haben Sie ja schon! Schlimmer noch, Sie haben mehr eingekauft, als Sie eigentlich wollten. Die Supermärkte trainieren dieses Verkaufsverhalten ihren Mitarbeitern an und erfreuen sich durch dieses kampflose Zustimmen ihrer Kunden über Mehrumsätze im zwei- bis dreistelligen Millionen Euro-Bereich pro Jahr. Ich habe das mal schnell für Sie, liebe Leser, hochgerechnet:

Edeka z. B. hatte 2019 laut Statistiska (Zugriff am 02.03.2021) 11.207 Filialen in Deutschland. Gehen wir davon aus, dass pro Filiale pro Tag hundert Kunden an der Wursttheke 200 g Frischwurst zu einem Preis von zwei Euro kaufen.

Die Rechnung lautet also:

$$\textbf{11.207 Filialen} * \textbf{100 Kunden}$$
$$* \textbf{ 0,20EUR (10\% mehr)}$$
$$* \textbf{ 313 Verkaufstage}$$
$$= \textbf{70.155.820EUR}$$

Und das nur mit etwas Frischwurst. Sie sehen, so einfach kann man mit Verhandeln Geld verdienen. Das Problem dabei, wir trauen uns oft nicht. Noch zu sehr ist in vielen unseren Köpfen „Verhandeln" negativ verankert. Wer verhandelt, hat zuvor den Preis zu hoch angesetzt, ist umgangssprachlich ein Halsabschneider, führt was im Schilde oder ist egoistisch und denkt nur an den eigenen Mehrwert. Aber ist das im Prinzip so schlecht, für sich einen Vorteil zu erwirtschaften?

Aber ich wiederhole mich, Verhandeln liegt in unseren Genen. Wie schon im vorangegangenen Kapitel lernen wir bereits als Säugling zu verhandeln. Sicher nicht geschult und auch nicht nach irgendeiner Methodenkompetenz, aber wir wissen doch als Baby ganz genau, was wir zu tun haben, um Essen, Trinken oder eine neue Windel zu bekommen. Doch leider verlieren wir, je älter wir werden, unsere angeborene Verhandlungskompetenz, weil wir nicht mehr so ganz an uns glauben, auch aus Angst, vermeintliche Fehler zu machen, und dann nicht mehr in der Clique, in der Firma, im Verein oder gar in der Gesellschaft dazuzugehören. Wir passen uns an, leider.

Schauen wir kurz in andere Länder. In allen arabischen Ländern gehört „verhandeln" zur Lebensaufgabe. Verhandeln ist Kultur. Verhandeln Sie nicht, werden Sie in diesen Ländern als schwach und inkompetent angesehen. Wollen Sie das? Ich zum Beispiel liebe es, irgendwo auf einem Bazar stundenlang mit einem Apfeltee um irgendeine Ware zu handeln. Verhandeln ist nicht schlimm, tut auch nicht weh und bringt so viele Vorteile, und das gerade als Frau. Ich weiß, worüber ich schreibe, habe ich doch selbst einen sehr internationalen Background. Wussten Sie eigentlich, dass jeder Mensch mehrmals am Tag mit sich selbst verhandelt? Es beginnt schon nach dem Wachwerden und endet beim Schlafengehen. Sie verhandeln immer, zu jeder Zeit. Die erste Verhandlung mit sich selbst lautet oft: „Stehe ich auf oder bleibe ich liegen?" Und auch bei dieser Frage gibt es immer einen Gewinner und einen Verlierer. Je nachdem, was Sie in den nächsten Stunden zu tun haben, gewinnen oder verlieren Sie.

Was wäre passiert, wenn Sie der Fleischereifachverkäuferin im ersten Beispiel mit einem schlichten „Nein" geantwortet hätten oder eine Gegenfrage in Form von: „Gerne nehme ich mehr, aber der ursprüngliche Preis bleibt bestehen?" gestellt hätten? Mit einem „Nein" hätte die Verkäuferin wahrscheinlich noch umgehen können, aber auf die Gegenfrage, da hätte sie vermutlich ihren Vorgesetzten kontaktiert. Wer verhandelt, ist im Vorteil, oder wie sagte schon ein weiser Verhandlungstrainer: „Etwas mehr geht immer!"

So ist das Wörtchen „Nein" das mächtigste Verhandlungsinstrument. Leider trauen sich die meisten Menschen zu selten „Nein" zu sagen. Man hat Angst, dann nicht mehr gemocht zu werden und in eine schlechte, negative Schublage gesteckt zu werden. Doch für ein „Nein" bedarf es Mut und diesen Mut braucht man neben den klassischen Verhandlungstechniken, um erfolgreiche Geschäfte abzuschließen. Wer mehr zum Thema „Nein-Sagen" lernen möchte, dem empfehle ich das Buch „Nein gewinnt" von Peter Buchenau, übrigens ein sehr guter Verhandlungsexperte, ebenfalls erschienen im Springer Verlag.

In meinem ersten Buch „Verhandeln für Jedermann" geht es darum, Ihnen, verehrte Leserinnen und Leser, aufzuzeigen, dass Verhandeln ohne große Anstrengungen möglich ist, und dass Sie für sich den einen oder anderen Mehrwert erreichen können. Etwas geht immer. Egal ob auf dem Flohmarkt, egal ob in irgendeinem Fachgeschäft, egal ob beim Autokauf oder Verkauf, egal ob im Job oder im privaten Umfeld. Das Einzige, was Sie neben einfachen Verhandlungstechniken mitbringen müssen, ist etwas Mut. Denn das Schlimmste, was passieren kann, wenn Sie nicht verhandeln, ist, dass sich nichts verändert. Alles bleibt gleich. Ware, Umsatz und Gewinn. Sie sehen also, Sie können gar nicht verlieren. Wer verhandelt, ist immer im Vorteil.

In diesem Buch entführe ich Sie nun in die Tiefen der Verhandlungstaktiken und Verhandlungspsychologie besonders in Krisensituationen. In Krisen verhalten sich Menschen komplett anders. Sie verlassen gewohnte Umgebungen, entblößen einen anderen Charakter, sind gestresst. Aber es sind immer noch Menschen. Kommen Sie nun mit, ich lade Sie ein, mir bei vielen meiner Verhandlungen über die Schulter zu schauen. Vielleicht nehmen Sie den einen oder anderen Praxistipp auf und verwenden diesen bei Ihrer nächsten Verhandlung. Ich würde mich freuen.

2

Grundlagen jeder Verhandlung

Bevor wir aber in die Königsdisziplin Verhandeln in Krisenzeiten einsteigen, möchte ich kurz auf das allgemeine und meiste gängige Harvard-Konzept für Verhandlungen eingehen. Seit über vierzig Jahren dient das Harvard-Konzept [3] als Grundlage für erfolgreiche Verhandlungen. Ob private Entscheidungen, Konditionsverhandlungen mit dem Geschäftspartner oder Verkaufsgespräche: Tagtäglich wird mit dem Ziel verhandelt, den eigenen Nutzen zu maximieren. Das Harvard-Modell beweist jedoch einschlägig, dass Fairness statt Feilschen für die beidseitige Einigung die wirksamste Methode ist.

Beim Harvard-Konzept handelt es sich um eine Methode für sachbezogenes Verhandeln. Das Prinzip besteht darin, Streitfragen nach Bedeutung und Sachgehalt zu entscheiden, anstatt zu feilschen. Das Ziel dieser Verhandlungsmethode ist eine beidseitig einvernehmliche, konstruktive Einigung und somit eine Win-win-Situation.

© Der/die Autor(en), exklusiv lizenziert durch Springer
Fachmedien Wiesbaden GmbH, ein Teil von Springer Nature 2021
C. A. De Brabandt, *Verhandeln in Krisenzeiten,* Fit for Future,
https://doi.org/10.1007/978-3-658-34839-7_2

Das Harvard-Konzept entstand aus dem „Harvard Negotiation Project" der bekannten Universität. Im Rahmen dieses Projekts wurden Verhandlungs- und Vermittlungsmethoden analysiert, um praktische Anwendungstipps abzuleiten.

1981 fassten die Rechtswissenschaftler Roger Fisher und William Ury in „Getting to Yes" die gesammelten Erkenntnisse zusammen. Die Methode geht über die klassische Kompromissfindung hinaus und bildet bis heute eine der bedeutendsten Verhandlungstechniken.

2.1 Die vier Grundprinzipien des Harvard-Konzepts

Sachbezogen diskutieren, Interessen fokussieren, Alternativen entwickeln und objektive Entscheidungskriterien bilden die Grundlange des Harvard-Verhandlungskonzepts. In den nachfolgenden Unterkapiteln gehen wir näher auf die einzelnen Punkte ein.

Behandeln Sie Menschen und Probleme getrennt voneinander

Das Motto lautet: „Seien Sie hart in der Sache, aber weich zu den Menschen."

Das Harvard-Prinzip beschreibt eine inhaltlich sachliche Auseinandersetzung. Deshalb ist es besonders wichtig, einen Verhandlungspartner weder als Freund noch als Feind zu betrachten. Konzentrieren Sie sich stattdessen auf die beiderseitigen Interessen. Das Harvard-Konzept gibt vor, stets beide Seiten am Ergebnis zu beteiligen, um eine effiziente Verhandlung zu gewährleisten. Gezielte Angriffe gegen Ihre Verhandlungspartner sind kontraproduktiv und werden die Fronten für künftige Verhandlungen zusätzlich verhärten.

Artikulieren Sie Emotionen und Probleme, ohne jedoch die Schuld bei der Gegenseite zu suchen. Verfallen Sie nicht in emotionale Ausbrüche, sondern legen Sie offen dar, welche Forderungen Sie stellen und begründen Sie diese.

Auch Ihre Verhandlungspartner haben eigene Anliegen. Hören Sie Ihrem Gegenüber zu und punkten Sie mit Empathie. Fühlt sich ein Verhandlungspartner verstanden, wird er umso gewillter sein, auch Ihnen und Ihren Anliegen Aufmerksamkeit zu schenken. Sprechen Sie im Zuge dessen also auch offen die Probleme Ihrer Verhandlungspartners an. Durch eine aktive Kommunikation fördern Sie nicht nur die beiderseitige Einigung, sondern auch die Beziehung zu Ihrem Gegenüber.

Konzentrieren Sie sich auf die beiderseitigen Interessen, nicht auf die Positionen

Feilschen oder das vehemente Verteidigen der eigenen Position zählt nicht zu den Methoden des Harvard-Prinzips. Stattdessen schlägt das Modell vor, sich auf die Interessen hinter den Forderungen zu konzentrieren. Dabei sind sowohl die eigenen Interessen von Bedeutung als auch die der Gegenseite.

Machen Sie sich vor der Verhandlung eine Liste mit Ihren eigenen Interessen. Diese können sowohl Wünsche, Ängste, Befürchtungen oder Sorgen enthalten. Indem Sie Ihre Interessen offen darlegen, lenken Sie die Verhandlung in eine sachbezogene Richtung.

Überlegen Sie sich auch, welche Interessen die Gegenseite mit in die Verhandlung bringen könnte. Stellen Sie

W-Fragen, um tiefere Einblicke in die Forderungen Ihrer Verhandlungspartner zu bekommen.

Tipp: Nutzen Sie die Vorstellungen und Interessen der Gegenseite auf unerwartete Weise. So fördern Sie das Beziehungsmanagement und stimmen Ihre Verhandlungspartner positiv.

Entwickeln Sie vor der Entscheidung verschiedene Auswahlmöglichkeiten

Ohne Zielsetzung wird jede Verhandlung zur Zeitverschwendung. Um ans Ziel zu gelangen, sind neben der Strategie jedoch auch verschiedene Taktiken notwendig. Nehmen Sie Abstand von „Entweder-oder"-Debatten. Das Harvard-Konzept schlägt vor, verschiedene Optionen zu betrachten und durch Kreativität und Flexibilität zum Verhandlungsziel zu gelangen. Entscheiden Sie sich für die „Sowohl-als-auch"-Variante und betrachten Sie die unterschiedlichen Wirkungsgrade der Problemlösungen.

Ein Brainstorming bietet hier die Möglichkeit, alle Optionen und Ideen zu notieren. Es kann sowohl vor als auch während einer Verhandlung stattfinden. Stehen Ihnen verschiedene Optionen zur Auswahl, können Sie anschließend jene auswählen, die eine praktische Durchführbarkeit aufweisen. Schließlich bewerten Sie die Optionen und finden so zum optimalen Ergebnis.

Bauen Sie das Ergebnis auf objektiven Entscheidungskriterien auf

Das vierte Prinzip des Harvard-Konzeptes zieht objektive Kriterien heran, um auf Basis dessen Entscheidungen zu treffen. So kann ein faires Ergebnis für beide Seiten erzielt werden. Durch die gemeinsame Entscheidungsfindung wird auch die Akzeptanz der verhandelten Lösung erhöht.

Um mögliche Kriterien für eine Übereinkunft aufzustellen, können folgende Punkte einbezogen werden:

- Marktwert
- Vergleichsfälle
- Auswirkungen
- Kosten
- Moralische Kriterien
- Gleichbehandlung
- Gegenseitigkeit

Was, wenn der Verhandlungspartner nicht mitmacht?

Sollten Sie wider Erwarten keine beiderseitige Einigung finden, schlägt das Harvard-Konzept ein „BATNA (Best Alternative to Non-Agreement)" vor. Überlegen Sie sich die beste Alternative zu einer ausgehandelten Vereinbarung vor der Verhandlung und ziehen Sie sie aus dem Ärmel, sobald es brenzlig wird. Je attraktiver Ihre Alternative ist, desto größer ist Ihre Verhandlungsmacht.

Fertigen Sie sich eine Liste mit möglichen Szenarien an, falls es zu keiner Einigung kommen sollte. Entwickeln Sie sowohl für sich als auch Ihr Gegenüber vielversprechende Optionen, die eine hohe praktische Durchführbarkeit aufweisen. Wenn Sie Ihre Alternative kennen, laufen Sie nicht Gefahr, im Verhandlungsverlauf in eine Situation zu geraten, in der ein Abschluss weniger Wert ist als Ihr BATNA.

Untersuchen Sie neben Ihrem eigenen BATNA auch die Alternative(n), die Ihr Gegenüber aus der Hinterhand ziehen könnte. So sind Sie auch für den schlimmsten Fall optimal vorbereitet (Abb. 2.1).

2.2   Der Nutzen des Harvard-Konzepts für Krisenverhandlungen

Das Harvard.Konzept ist sicher ein gutes Verhandlungs-konzept, das steht außer Frage. Ich habe es in meinem Studium beim Executive PON (Program on Negotiation) auch durchlaufen. Die Vorteile dieses Konzeptes sehe ich insbesondere bei nachfolgenden Punkten:

1. Vorbereitung ist wichtig
2. Alternativoptionen vorbereiten (BATNA)
3. Sein Gegenüber als Verhandlungspartner sehen

Das Harvard-Konzept folgt grundsätzlich dem Ziel, die Verhandlungspositionen einander anzunähern. Dabei sollen die Verhandler versuchen, das jeweilige Gegenüber ernst zunehmen und es nicht als Verhandlungsgegner, sondern als Verhandlungspartner zu sehen. Dieses speziell

Identifizieren Sie Ihre Ziele und Prioritäten	
Was sind die Ziele und Prioritäten des Lieferanten?	
Was ist diese Lieferantenbeziehung?	
Ihr Worst-Case-Szenario-Ergebnis	
Ihr bestes Szenario-Ergebnis	
Was sind Ihre realistischen Fallback-Positionen? (BATNA)	
Ab wann werden Sie diese Verhandlung abbrechen, um Ihre BATNA zu implementieren	
Welche Verhandlungszugeständnisse wären Sie bereit zu machen?	

Abb. 2.1   BATNA

in Krisen oder Pandemiezeiten, wo man auf gegenseitiges Verständnis angewiesen ist. Weiter sollte man auf eigene Vorteile nicht verzichten, sondern interne Maßstäbe setzen, um die gemeinsame Lösung zu erreichen.

Doch wenn ich ehrlich bin, habe ich mit dem Harvard-Konzept, gerade in Krisenverhandlungen, so meine Schwierigkeiten. Nicht, dass das Konzept schlecht ist, nein, im Gegenteil, es ist sehr gut, wie bereits am Anfang dieses Kapitels erwähnt. Allerdings sollte aus meiner Sicht, das Harvard-Konzept nicht das Maß aller Dinge sein. Es ist die Basis, die jeder Verhandler beherrschen sollte. Vergleiche ich das Harvard-Konzept mit einer Weltmeisterschaft im Eiskunstlaufen, so ist dieses Konzept das Pflichtprogramm. Doch die Weltmeisterschaft wird in der Kür entschieden. Also damit, was leiste ich mehr oder was kann ich besser als mein Gegenüber.

Es ist mit Verlaub auch langweilig, seine Verhandlungen nur auf das Harvard-Konzept zu stützen. Warum? Weil jeder, der das Konzept durchlaufen hat, den gleichen Wissensstand hat, nicht nur konzeptionell und methodisch, sondern auch beigebracht, von den gleichen Professoren, die schon über Jahrzehnte das Gleiche unterrichtet haben. Bedenken Sie:

„Wer immer nur das tut, was er immer schon getan hat, wird auch immer nur das bekommen, was er immer schon bekommen hat."

Und nun mal Butter bei die Fische. Diese Redewendung stammt ursprünglich aus dem norddeutschen Raum. Mit der Verwendung des Begriffes wird der Angesprochene aufgefordert, zur Sache zu kommen.

Wollen Sie sich dem Verhandlungsziel gemeinsam mit Ihrem Gegenüber annähern, dann sprechen wir von einem Verhandlungspartner. Oder wollen Sie die Verhandlung gewinnen? Wenn Sie die Verhandlung gewinnen möchten, dann sollten Sie Ihr Gegenüber als Verhandlungsgegner sehen.

Verhandlungspartner oder Verhandlungsgegner, die Wahl des für Sie richtigen Wortes überlasse ich gerne Ihnen. Als ich zu Beginn meiner Karriere bei VW in Wolfsburg angefangen habe zu arbeiten, waren der Einkauf und der Lieferant als Handlungsgegner zu sehen. Wir Einkäufer durften keine Informationen, welche nicht in der Leistungsbeschreibung des Verhandlungsziels aufgelistet waren, weitergeben. Die Lieferanten wussten nicht, wer deren Gegenüber waren, oder wer die Konkurrenten sind. Heute hat sich speziell in Krisenzeiten die Situation verändert. Strategisches und nachhaltiges Verhandeln wird immer wichtiger, ebenso wie Fingerspitzengefühl, also Emotionen und Kooperationen.

Was ich mit diesem Kapitel sagen möchte ist, das Harvard-Konzept ist gut. Nutzen Sie aber Ihre eigenen zusätzlichen Ressourcen und Fähigkeiten, um zu gewinnen.

3

Verhandlungsstrategien in Krisenzeiten

3.1 Was ist eine Krise?

Das Wort Krise stammt ursprünglich aus dem Alt-griechischem und meinte ursprünglich ‚Meinung‘, ‚Beurteilung‘, ‚Entscheidung‘, Etwas später wurde der Begriff ‚Zuspitzung‘ verwendet.

Ins Deutsche wurde das Wort von der lateinischen crisis entlehnt und ist seit dem 16. Jahrhundert nachweisbar. Zuerst in medizinischen Zusammenhängen, wo es die sensibelste Krankheitsphase bezeichnete, der bei glück-lichem Verlauf der Infektion, ohne der Möglichkeit einer Antibiotikagabe, eine Entfieberung innerhalb eines Tages erfolgte und die finale Krankheitsabwehr einläutete.

Als Krisen bezeichnet das Krisennavigator-Institut für Krisenforschung, ein Spin-off der Universität Kiel, alle internen oder externen Ereignisse, durch die akute Gefahren drohen für Lebewesen, für die Umwelt, für die

© Der/die Autor(en), exklusiv lizenziert durch Springer Fachmedien Wiesbaden GmbH, ein Teil von Springer Nature 2021
C. A. De Brabandt, *Verhandeln in Krisenzeiten,* Fit for Future,
https://doi.org/10.1007/978-3-658-34839-7_3

Vermögenswerte oder für die Reputation eines Unternehmens bzw. einer Institution.

Unterschieden werden drei Arten von Krisen: bilanzielle Krisen wie Pleiten, kommunikative Krisen wie „Skandale" und operative Krisen wie „Störungen". Pro Jahr ereignen sich nach den Erhebungen des Instituts im deutschsprachigen Europa rund 25.000 bis 40.000 bilanzielle Krisen sowie ca. 250 bis 280 öffentlich gewordene operative und kommunikative Krisen. Da niemand gerne über Krisen redet, geht man von einer massiv höheren Dunkelziffer aus [4].

Der ehemalige Krisenmanager Matthias Schranner sieht aber Krisen, egal welcher Art, nicht notwendigerweise als etwas Negatives. Eine Krise kommt nie unangekündigt. Jede Krise hat eine vorausgehende Situation, also eine Phase, die Warnsignale für das Auftreten einer möglichen Krise beinhaltet. Diese Warnsignale können sich so zuspitzen, dass diese schwer beherrschbar werden, den Unmut der Medien sowie Gesellschaft auf sich ziehen oder die Geschäftstätigkeit von Menschen, Institutionen, Unternehmen und gar Regierungen beeinträchtigen.

Wichtig ist aber zu unterscheiden, dass eine kritische Situation, in der sich garantiert jeder Mensch schon mal befunden hat, nicht unbedingt mit einer Krise gleichgesetzt wird. Krisen bestehen im Allgemeinen aus einer Häufung kritischer Situationen. Kritische Situationen können im Gegensatz zu Krisen völlig unerwartet eintreten.

Zusammenfassend behaupte ich, dass eine Krise im Allgemeinen ein Höhepunkt oder Wendepunkt einer gefährlichen Konfliktentwicklung ist, dem eine massive und problematische Störung, egal welcher Art, über einen gewissen Zeitraum vorausging.

Die mit dem Wendepunkt verknüpfte Entscheidungssituation bietet normalerweise die Chance zur Krisenlösung, aber auch die Möglichkeit zur Krisenverschärfung. Nimmt die Entwicklung einen dauerhaft negativen Verlauf, also die Krisenverschärfung zu, so spricht man im Allgemeinen von einer Katastrophe. Doch lassen Sie uns auch die Krise als Chance sehen.

Krise als Chance

Richard von Weizsäcker sagte einmal: „Wir sollten von den Chinesen lernen – die haben das gleiche Schriftzeichen für Krise und Chance" [5].

Und das stimmt. Das chinesische Schriftzeichen für Krise beinhaltet zwei Silben, die einzeln gelesen die Worte Gefahr und Chance bedeuten (Abb. 3.1).

Krisen sind Chancen, denn diese geben Ihnen die Möglichkeit, Eingefahrenes zu überdenken um dann etwas Schöneres, Größeres und auch Erfolgreicheres zu erreichen. Das war in der Geschichte schon immer so und wird auch in Zukunft immer so bleiben. Ich möchte mit meinen Beispielen gar nicht zu weit in der Geschichte zurückgehen und wähle zwei „Krisen" aus der nahen Vergangenheit.

Als Erstes die Flüchtlingskrise. Die Presse peitschte dieses Wort durch alle Medien. Überall las man von den negativen Eigenschaften, Gewohnheiten und Verhaltensweisen der Flüchtlinge. Der Konsument der Medien müsste zwangsläufig eine negative Meinung über diese

Abb. 3.1 Gefahr und Chance

Flüchtlingswelle bekommen. Aber sind wir doch mal ein bisschen ehrlich zu uns selbst. Auch bei uns, hier im germanistischen Umfeld, gibt es Gut und Böse oder Super und Schlecht. Das gibt es in jeder Gesellschaft, überall auf der Welt. Was wäre eigentlich passiert, wenn die Presse nicht von einer Flüchtlingskrise, sondern von einer Flüchtlingschance berichtet hätte? Ich kenne so viel Menschen mit Migrationshintergrund, welche Hervorragendes für Deutschland geleistet haben. Welche neue Ideen wie erweiterte Blickwinkel, internationale Kulturen, neue Denkweisen und Geschäftsideen eingebracht haben und sich vollständig in unseren germanischen Lebensraum integriert haben. Alles wäre viel humaner gewesen, hätte man von eine Flüchtlingschance gesprochen.

Ganz aktuell auch das Thema der Corona-Krise. So schlimm es auch für viele Bereiche war und immer auch noch ist, es gab unzählige Gewinner in der Krise. An erster Stelle stehen die Onlinehändler und Paketdienste. Die beiden Branchen sind die größten Lockdown-Profiteure. Doch auch Umzugsfirmen erfreuten sich an höheren Umsätzen. Das Internetportal „umzugsauktion.de" vermittelte 15 % mehr Möbelpacker im Jahr 2020 als im Jahr zuvor. Laut einem Bericht des MDR vom 4.12.2020 [6] gehören auch Spielwarenhersteller zu den Gewinnern der Krise. Im September lag die Produktion der Branche 35 % über dem Vorjahreswert. Teigwarenhersteller hatten einen Zuwachs von 20 %, bei Zucker waren es 16 %. Desinfektionsmittelhersteller steigerten in den ersten drei Quartalen die Produktion in Deutschland um 80 % über dem Vorjahreszeitraum. Auch habe sich der Umsatz von Fahrradherstellern nahezu verdoppelt. Die Auflistung an Krisengewinnern ist kann sicher noch fortgesetzt werden. Ich wollte nur noch einmal aufzeigen, dass es in jeder Krise, egal ob menschlich, sozial oder unternehmerisch betrachtet, Verlierer und Gewinner gibt. Und genau das ist

Ihre Chance. Sie selbst haben es in der Hand, ob Sie zu den Verlierern oder Gewinnern zählen. Grundlage für Ihr Resultat ist die erfolgreiche Verhandlung. Zuerst mit sich selbst, an Ihrer persönlichen Einstellung und dann mit Ihrem Verhandlungsgegner. Sie lesen gerade Gegner und nicht, wie im Harvard-Konzept für Verhandlungen, Partner. Ich möchte doch gewinnen, wenn ich verhandle, und das auch in Krisenzeiten. Und Sie?

3.2   Die persönliche Vorbereitung

So, nun ist die Krise da. Es ist allgemein bekannt, dass die Gesellschaft und somit auch Unternehmen und Menschen in Krisenzeiten anders reagieren als in Zeiten, wo keine Krise herrscht. Um das von Grund auf zu verstehen, müssen wir einen kurzen Rückblick in die Steinzeit wagen.

Achten Sie auf Körper und Geist

Diese begann vor etwa 2,6 Mio. Jahren. Sie bezeichnet den Zeitabschnitt der Menschheitsgeschichte, in dem die Menschen vorrangig Stein als Material für Werkzeuge verwendeten. Im jüngsten Abschnitt, der Jungsteinzeit, wurde bereits Kupfer verwendet. Diese endete etwa 2000 v. Chr. Schauen wir auf die Gene der damaligen Steinzeitmenschen, so waren diese auf das tägliche Überleben ausgerichtet. Das bedeutete, das in Gefahrensituationen unser Körper aus Kampf, Flucht oder Todstellen eingestellt war.

Trat eine Gefahr auf, also im übertragenen Sinne ein Risiko für Leib und Seele, welche zwangsläufig in einer Krise endete, traten automatisierte, körpereigene Abläufe ein. Stress entstand. Eine Stress- und/oder Gefahrensituation wird immer zuerst über unsere Sinnesorgane wahrgenommen. Diese sind bekannterweise Augen, Ohren, Nase, Zunge und die Haut. Diese Wahrnehmung wird an verschiedene Regionen unseres Gehirns weitergeleitet.

Die Amygdala, ein kleiner, mandelförmiger Komplex von Nervenzellen im unteren Bereich des Gehirninneren, ist für das Erleben von Stress und Angst verantwortlich. Die Amygdala ist Teil des sogenannten limbischen Systems, welches auch umgangssprachlich Krokodilgehirn genannt wird. Warum? Weil es den Überlebenstrieb steuert, also Atmen, Essen, Trinken, Schlafen und Fortpflanzen. Die Amygdala steuert unsere psychischen und körperlichen Reaktionen auf stress- und angstauslösende Situationen. Treffen bei der Amygdala Signale ein, die höhere Aufmerksamkeit erfordern, zum Beispiel eine Situation, die mit einem Risiko verbunden ist, und in einer Krise enden kann, dann feuern ihre Nervenzellen. Der Mensch wird innert Sekundenbruchteile wacher und aufmerksamer. Dieses geschieht bereits, bevor die Gefahr bewusst erkannt wurde. Ab einer bestimmten Schwelle der Nervenaktivität setzt die Amygdala die Stressreaktion in Gang und aktiviert die Kampf- und Fluchtreaktion, die jeder Mensch zum Leben braucht.

Um die Kampf- und Fluchtreaktion auszulösen, nutzt die Amygdala das sogenannte sympathische Nervensystem, auch Sympathikus genannt, das den Körper auf Aktivität einstimmt. Für diese Reaktionen setzt der Körper eine ganze Kaskade von Hormonen in Gang. Über die Nervenstränge im Rückenmark gelangt die Information „Achtung, Gefahr" zur Nebenniere. Dort werden Adrenalin und Noradrenalin ausgeschüttet. Diese Hormone nennt man auch Katecholamine. Sie treiben zum Beispiel den Herzschlag und den Blutdruck in die Höhe, sorgen für eine größere Spannung der Muskeln und bewirken, dass mehr Blutzucker freigesetzt wird, sodass die Muskelzellen bei der Aktivität Kampf oder Flucht besser versorgt werden können. Zusätzlich schüttet der Hypothalamus fast gleichzeitig hormonelle Botenstoffe aus, unter anderem das Corticotropin-Releasing-Hormon. Dieses Hormon wirkt auf die Hirnanhangdrüse im Gehirn. Es sorgt dafür, dass sie ein weiteres Hormon freisetzt, das Adrenocorticotropin, kurz ACTH. Es gelangt mit dem Blut zur Rinde der Nebenniere und schüttet das Stresshormon Kortisol aus. Kortisol ist ein lebenswichtiges Glukokortikoid, dass im Übermaß den Körper schädigt. Die Hormone und das sympathische Nervensystem sorgen schließlich dafür, dass unser Körper mehr Sauerstoff und Energie bekommt. Sauerstoff und Energie benötigen wir, um schneller zu handeln.

Was bewirken die Hormone aber im Einzelnen?

Der Atem beschleunigt sich, Kurzatmigkeit setzt ein, Puls und Blutdruck steigen an. Weiters produziert die Leber mehr Blutzucker. Ebenso schwemmt die Milz mehr rote Blutkörperchen aus, die den Sauerstoff zu den Muskeln transportieren. Dann erweitern sich die Adern in den Muskeln, sodass diese besser durchblutet werden. Bedingt dadurch steigt der Muskeltonus, was oft Verspannungen zur Folge hat. Auch Zittern, Fußwippen und Zähneknirschen hängt damit zusammen. Das Blut gerinnt dadurch schneller und schützt den Körper im Falle einer Verletzung vor Blutverlust, allerdings verlangsamt dieses auch die Blutdurchflussgeschwindigkeit in den Adern, was wiederum in einem höheren Puls und Blutdruck endet. Ein Kreislauf entsteht.

Die Amygdala veranlasst neben der Stressreaktion im Körper, dass eine bedeutende Gedächtnisregion im Gehirn sich die stressauslösende Situation, was immer bei einer Krise passiert, gut merkt. Auf diese Weise bekommen wir den Hinweis, uns vor der Krise in Acht zu nehmen. Wiederholen sich die Krisenszenarien, ist dieser Vorgang im Gehirn schon gespeichert und die Stressreaktion im Körper läuft noch schneller ab.

Forschungen, insbesondere von Professor Winfried Panse von der Fachhochschule Köln, haben gezeigt, dass chronischer Stress die Zellfortsätze im Hippocampus schädigen kann. Diese sind wichtig für die Aufnahme von Information aller Art. Schrumpfen diese, wirkt sich das negativ auf das Gedächtnis aus. Laut seinen Forschungen kann durch Stress und/oder Angstzustände, was bei Krisen immer auftritt, die Leistungsfähigkeit des Gehirns um bis zu 40 % zurückgehen [7].

In unserem Gehirn steuern wir auch durch logische Analyse und Denken unsere Emotionen. Diese haben einen enormen Einfluss, ob wir die Stress- oder Krisensituation für bewältigbar halten oder nicht. Chronischer Stress, der in Krisensituationen entstehen kann, kann zusätzlich den präfrontalen Cortex verändern. Sinnvolle Entscheidungen zu treffen, wird dann immer schwieriger.

Zum Glück gehen Krisensituationen aber irgendwann vorüber. Der Stress lässt nach. Das parasympathische Nervensystem, welches ebenfalls ein Teil des Nervensystems ist, wird aktiv und lässt unseren Körper zur Ruhe kommen. Wir werden wieder ruhiger und entspannt.

Stress zum Verhandlungspartner machen

Sie werden sich nun vielleicht zu Recht fragen, was haben die obigen Abschnitte nun mit Verhandeln in Krisenzeiten zu tun? Die Antwort: sehr viel. Einerseits habe sich die Gene des Menschen von der Steinzeit bis heute nur kaum verändert. In unserem heutigen Körper läuft der ungefähr gleiche biologische Prozess ab wie vor rund 100.000 Jahren. Doch wie hat sich seit der Steinzeit die Umwelt und die Gesellschaft verändert? Richtig, eigentlich passt unser heutiger Körper gar nicht mehr in die heutige Zeit. Wir sind so was von retro. Auf der anderen Seite geht es beim Verhandeln auch darum, seinen Verhandlungsgegner zu verstehen. Wie denkt er? Wie reagiert er? Was passiert gerade jetzt in einer Krisenverhandlung in seinem Körper? Das vorangegangene Kapitel war wichtig, damit Sie verstehen, dass Menschen in Angst- und Stresssituationen, wie es oft in Krisenzeiten vorkommt, anders als üblich reagieren.

Gerade gestresste Verhandlungsgegner reagieren in Krisensituationen anfangs viel fokussierter. Sie haben nur den Verhandlungserfolg im Sinn. Alle Nebensächlichkeiten, die nicht unmittelbar zu schnellen Verhandlungserfolg führen, werden ausgeblendet. Das Gehirn Ihres Verhandlungsgegner ist auf Überleben eingestellt.

Ein paar Beispiele dazu:

Gestresste Menschen sind ganz auf das Ziel fokussiert. Auch mit den Augen, eine Art Tunnelblick entsteht. Dadurch nimmt der Verhandlungsgegner meist nur den unmittelbaren Hauptverhandler wahr. Weitere Menschen, die das Gehirn als nicht verhandlungsrelevant betrachtet, werden ausgeblendet, sogar ignoriert.

Der gesamte Organismus ist im übertragenen Sinne auf Kampf und Flucht eingestellt. Somit werden auch alle im Körper befindlichen Organe, die nicht zum Erreichen des Verhandlungsziels benötigt werden, auf eine Art Notbetrieb eingestellt. So zum Beispiel der Verdauungstrakt. Wenn man flieht oder kämpft, ist es dem Sieg nicht dienlich, während des Kampfes auf die Toilette zu müssen. So kann es zuvor zu einer Magenschnellentleerung kommen – sich vor Angst in die Hose machen – oder die Schließmuskeln verkrampfen sich, was zu Verstopfungen führen kann.

Auch nicht zu unterschätzen ist die Ernährung, genau genommen das Essen und Trinken. Sie haben im vorangegangenen Kapitel gelesen, dass die Muskeln in Krisensituationen rein anatomisch mit Energie versorgt werden müssen. Energie im Körper ist aber vereinfacht gesagt nichts anderes als Kohlenhydrate und Fette. Diese werden in der Leber produziert und in den Blutkreislauf zu den Muskeln transportiert, wo diese im Normalfall auch verbraucht werden. Lieber aber bewegen wir uns in Verhandlungen sehr selten, sodass eine Verarbeitung der Kohlenhydrate und Fette nur sehr zögerlich vonstattengeht.

Im Fall einer akuten Krisensituation gelangen somit vermehrt Kohlenhydrate und Fette in den Blutkreislauf. Wie jede Flüssigkeit, zu der man Glykose hinzufügt, verdickt sich. Das Blut wird dickflüssiger, schwerfälliger und langsamer. Darum fühlen auch Menschen sehr oft in Stress- und Krisensituationen einen erhöhten Herzschlag und Blutdruck, weil unser Gehirn den verlangsamten Blutfluss realisiert und das Herz anweist, damit die Muskeln weiterhin rechtzeitig mit Energie beliefert zu werden, den Blutdruck und den Pulsschlag zu erhöhen, um das Defizit auszugleichen.

Nun ist aber unser Gehirn der größte Energieverbraucher. Im Gehirn haben wir ganz winzige Synapsen. Die **Synapsen** dienen der Informationsverarbeitung und -weiterleitung durch die Übertragung von elektrischen Impulsen über die Erregungsleitung. Sie ermöglichen uns damit unser Denken. Wenn jetzt das in Krisensituationen dickere Blut ins Gehirn strömt, kann es sein, dass genau eine dieser informationsverarbeitenden Synapsen nicht mehr durchschalten kann, da das verdickte Blut den Kanal verstopft.

Sicher erinnern Sie sich an Ihre Schulzeit zurück. Sie sitzen in der Klausur und denken sich: „Gestern habe ich die Antwort noch gewusst. Ich weiß sogar, wo es steht!" Aber die Antwort fällt Ihnen nicht ein. Sie können tun, was Sie wollen. Das Interessante aber, unmittelbar nach der Klausur haben Sie die Information wieder verfügbar, und Sie ärgern sich. Was ist passiert? Eine Prüfung ist immer eine Stresssituation. In unserem Sinne also eine Krise. Das Blut verdickt sich, die betroffenen Synapse leitet den Informationsfluss nicht weiter. Die benötigte Information ist vom Gehirn nicht abrufbar. Nach der Klausur. Der Stress lässt nach, das Blut verdünnt sich. Die Synapse schaltet durch und die Information ist verfügbar.

In diesem Kapitel geht es um die persönliche Vorbereitung für Verhandlungen in Krisenzeiten. Sie haben nun gelesen, dass es absolut wichtig ist, aus einer körperlichen und mentalen Stärke zu verhandeln. Was Sie im Einzelnen genau unternehmen können, um diese zu erlangen, erfahren Sie später im Abschn. 3.2.6. in diesem Buch sowie Tipps und Tricks. In diesem Abschnitt wollte ich Ihnen einfach gerne aufzeigen, dass unser Körper, und natürlich auch der Körper des Verhandlungsgegners, automatisch in Krisensituationen anders, oft auch instinktiv reagiert. Seien Sie sich dessen bewusst.

Sich der Krise und seinen Fähigkeiten bewusst sein

Lassen Sie uns den Verhandlungsexperten in Krisenzeiten mit einem Bergsteiger vergleichen. Ein Bergsteiger macht erst den nächsten Schritt, wenn er einen sicheren Stand hat. Er weiß ganz genau, wo er steht. Das ist seine Basis, und zwar in dem Augenblick, wo er einen neuen Schritt Richtung Ziel wagt. Sollte er beim nächsten Schritt keinen festen Halt finden, kann er immer wieder zum Ausgangspunkt, zum Standpunkt des letzten sicheren Standes zurück. Das gibt ihm Sicherheit und (Selbst.)Vertrauen, in dem, was er tut oder zu tun gedenkt. Ein unsicherer Stand könnte einen Absturz, eine Verletzung oder gar den Tod zur Folge haben.

Genau wie der Bergsteiger muss auch der Krisenverhandler wissen, wo er steht, und das immer zu jeder Zeit. Wo ist seine Basis und wohin kann er sich zurückziehen, um vielleicht neue Informationen zu holen oder um einfach mal auch nur eine Pause zu machen? Auch ein Bergsteiger macht Pausen. Weiter noch, er plant bereits im Vorfeld des Ausstiegs seine Pausen ein, weil er sich über die Route und Dauer des Auf- und Abstiegs bewusst ist.

Weiter auch macht sich der Bergsteiger Gedanken, welchen Berg er besteigen möchte. Gute, erfahrene Bergsteiger werden sich nie einen Berg aussuchen, von dem Sie im Vorfeld wissen, dass Sie am Berg scheitern werden. Sie stufen den Berg für sich selbst als bezwingbar ein, sonst würden Sie diesen Berg nie angreifen und sich auf den Weg zum Gipfel machen. Übertragen auf den Verhandler bedeutet das, dass ein Verhandler nie in eine Verhandlung gehen sollte, wenn er im Vorfeld nicht die Möglichkeit zum Gewinnen sieht. Tut er es doch, wäre es ein sinnloses Unterfangen und es würde nur Zeit und Energie kosten.

Auch ist der Bergsteiger sich über seine Fähigkeiten bewusst, wie seine körperliche und physische Verfassung ist. Muss er zuvor an seiner Kondition, Beweglichkeit, Ausdauer, Atemtechnik arbeiten, um auf den Berggipfel zu kommen? Nicht zu vergessen die richtige Ausrüstung. Es ist ein Unterschied, ob ich den Berg Athos in Griechenland erklimme oder den K2 im Himalaya besteige. Warum habe ich den Berg Athos und den K2 ausgewählt? Beides sind Berge, aber unterschiedlicher, wie es kaum sein kann.

Ich möchte Ihnen, verehrte Leserin und verehrter Leser, aufzeigen, dass es extrem wichtig ist, sich im Vorfeld mit seinem Vertragsgegner zu beschäftigen. Was sind seine möglichen Ziele, was möchte Ihr Gegenüber erreichen? In welcher Krisensituation befindet er sich bzw. sein Unternehmen? Wie beim Bergsteiger hängt der schlussendliche Erfolg, beim Bergsteiger die Gipfelerreichung und beim Verhandler das definierte Verhandlungsziel, maßgeblich davon ab, wie gut Sie den Berg, oder anders gesagt, Ihren Verhandlungsgegner kennen.

Das bringt mich zur Frage, was ist Ihr Ziel? Was wollen Sie erreichen und wie viel Verhandlungsspielraum haben Sie? Was ist Ihr absolutes No-Go, Ihr Bis-hierhin-und-nicht-weiter? Leider habe ich zu oft in meiner Karriere Verhandler erlebt, die sich im Vorfeld nicht ihre Ziele und Spielräume definiert haben. Nach der Verhandlung, und gerade in Krisenzeiten, kann das Ergebnis dann für den Menschen und das Unternehmen tödlich sein.

Einleuchtend ist sicher auch, dass Sie für die Besteigung beider Berge, der Berg Athos hat eine Höhe von 2033 m gegenüber dem K2 mit 8611 m, unterschiedliche Ausrüstung benötigen. Sicherlich werden nun einige von Ihnen grinsen und denken, 2033 m ist ja keine Höhe, dass schaffe ich mit links. Weit gefehlt, denn auf Berg Athos steigen Sie von Meereshöhe auf. Rechnet man für geübte Berggänger eine durchschnittliche Aufstiegszeit von vierhundert Höhenmetern pro Stunde, müssen Sie schon für zehn Stunden Kondition im Gepäck haben, und das in der Regel bei Temperaturen um die 30 Grad Celsius. So ohne ist dieser Aufstieg nicht. Beim K2 sind Sie Wochen unterwegs, und das in unterschiedlichsten Klimazonen. Haben Sie daher als Krisenverhandler das richtige Krisenwerkzeug dabei?

Noch eine kleine Anmerkung: Nicht umsonst habe ich den Berg Athos in Griechenland erwähnt. Dieser Berg darf nur von männlichen Bergsteigern erklommen werden. Frauen sind auf dem Berg Athos verboten. Daher sollten Krisenverhandler sich ganz sicher sein – dürfen Sie überhaupt verhandeln?

Abschließend möchte ich mit diesem Vergleich der Vorbereitung auf das Changemanagement aufmerksam machen. Nichts ist in der heutigen Zeit so beständig wie die Veränderung. Wenn ich in meinem Leben etwas als wirklich festgeschrieben bezeichne, dann das, dass ich mich permanent verändere und weiterentwickle. Ein guter Bergsteiger plant für seinen Weg auf den Gipfel immer eine Alternativroute ein. Unvorhergesehene unüberwindbare Hindernisse, wie mögliche Schneebretter, Lawinenabgänge, Erdrutsche oder auch plötzlich auftretende Wetterveränderungen können ein Weitersteigen auf der geplanten Route verunmöglichen. Im besten Fall kann dann über die Alternativroute das Gipfelziel dennoch erreicht werden. Solche Umwege plant der gute Bergsteiger auch bei der Wahl seiner Ressourcen, wie Ausrüstung, Kondition oder auch Zeitaufwand mit ein. Es kann aber auch vorkommen, dass die Bergtour komplett abgebrochen werden muss, weil vielleicht auch Materialfehler, Verletzungen oder vieles mehr ein Weiterkommen an diesem Tag verunmöglichen. Wie oft haben Sie schon von gescheiterten Bergtouren gehört. Na und? Das heißt Kräfte sammeln und erneut angreifen.

Für Nichtbergsteiger möchte ich ein anderes Beispiel wählen. Bedingt durch meinen Beruf als professionelle Verhandlerin fliege ich natürlich oft zu Verhandlungsterminen und Verhandlungsorten. Was denken Sie, wie oft ich den Zielflughafen mit großer Verspätung oder gar nicht erreicht habe, bedingt durch möglicherweise einen technischen Defekt, ein Unwetter oder gar eine Bombendrohung. Das habe ich alles schon erlebt. Glauben Sie, der Pilot tankt nur so viel Kerosin, um den Zielflughafen zu erreichen? Nein, es ist immer so viel Kerosin im Tank, dass mindestens zwei Ausweichflughäfen erreicht werden können. Ich habe sogar schon mal auf einem Flug von Amsterdam nach Zürich erlebt, dass das Flugzeug aufgrund eines heftigen Föhnsturms in Zürich nach Amsterdam zurückflog. Sie sehen also, der Pilot hat ebenso wie der Bergsteiger immer einen Plan B, Plan C oder sogar Plan X in der Reserve, welcher diesen immer einsetzen kann, um dennoch irgendwie ans Ziel zu kommen.

Und wie ist es bei Ihnen beim Verhandeln? Haben Sie einen Plan B, Plan C oder Plan X in petto, wenn die Verhandlungen stocken oder unvorhergesehen Ereignisse das Weiterverhandeln verhindern? Ich verrate Ihnen, dass ich mindestens drei alternative Verhandlungspläne und Strategien in jeder Verhandlung anwenden kann. Wie sieht das bei Ihnen aus?

Eigenkompetenzentwicklung (GAP-Analyse)

Sie wissen zu diesem Zeitpunkt im Buch, wo Sie stehen. Damit meine ich nicht nur, was sind Ihre Stärken und Schwächen, sondern auch, haben Sie genügend Ressourcen für eine Krisenverhandlung? Wenn ja, dann ist das gut. Die nächste Frage wird aber sein:

Wo wollen Sie hin oder was ist Ihr Verhandlungsziel?
Dieses Ziel muss definiert sein. Wie beim Bergsteiger im vorangegangenen Kapitel. Hat ein Bergsteiger seinen Gipfel nicht als Ziel definiert, so hat er garantiert die falsche Ausrüstung dabei und wird den Gipfel nie erreichen. Deshalb wiederhole ich meine Aussage nochmals:

Ohne Verhandlungsziel kein Verhandlungserfolg!
Ist doch klar, denken Sie sich jetzt. Aus eigener Erfahrung von über tausend Verhandlungen, die ich geführt habe, kann ich Ihnen sagen, dass sich ca. nur 10 % der Ver-

handler ihres Verhandlungszieles bewusst sind. 90 % aller Verhandler gehen aus meinen Erfahrungen unvorbereitet in Verhandlungsgespräche nach dem Motto: „Es wird schon gut gehen!". Und Entschuldigung, diese Einstellung in einer Krisenverhandlung? Ich gehe daher immer mit einem konkreten Ziel in eine Verhandlung, weiter noch. Ich bestimme sogar einen Verhandlungs-Best-Case und einen Verhandlungs-Worst-Case, anders ausgedrückt, den Verhandlungsspielraum.

Übrigens, das Handwerk benannte bereits 2014 [8] die Top-3-Kriterien, warum Verhandlungen scheitern:

1. Schlechte oder keine Vorbereitung
2. Die eigenen Leute vorher nicht ins Boot zu holen
3. Das Verhandlungsziel nicht definiert zu haben

Ich kann diese Aussage aus eigener Verhandlungserfahrung nur zustimmen. Was mir aber auch in allen meinen Verhandlungen aufgefallen ist, je höher die Stellung und Funktion im Unternehmen, desto schlechter die Verhandlungsvorbereitung. Deshalb verhandle ich am liebsten mit Firmeninhaber, Unternehmer oder dem C-Level.

Nun kennen Sie Ihre Verhandlungsfähigkeiten, wissen über Ihre Ressourcen Bescheid und kennen Ihr Verhandlungsziel. Welche Fähigkeiten oder Ressourcen benötigen Sie zusätzlich, um das Verhandlungsziel zu erreichen? Bedenken Sie hierbei, dass besonders in Krisenzeiten das Verhandlungsziel vorübergehend oder auch sich schnell verändernd sein kann. Stellen Sie sich dazu folgende Fragen für die Verhandlungs-GAP-Analyse:

- *Wollen Sie überhaupt verhandeln und möchten Sie auch gewinnen?*
- *Wie lange schätzen Sie die Krisensituation noch ein und wo stehen Sie gerade jetzt auf der Zeitachse?*

- *Wie ist Ihre körperliche und mentale Verfassung?*
- *Haben Sie genug körperliche und mentale Reserven, um eine Krisenverhandlung auch länger durchzustehen?*
- *Besitzen Sie die benötigte Verhandlungskompetenz?*
- *Wie sieht es mit Ihrer Motivationskompetenz aus?*
- *Passt Ihre Sozialkompetenz?*
- *Haben Sie ausreichend Ressourcen, wie Werkzeuge oder Personal, zur Verfügung?*
- *Besitzen Sie außergewöhnliche, zusätzliche Fähigkeiten, um eine Krisenverhandlung zu gewinnen?*
- *Stehen Ihnen Kollegen zur Seite, wenn ja, wer?*
- *Und dürfen Sie überhaupt verhandeln?*

Die obigen Fragen sind nur als Beispielfragen zu sehen. Es gibt bestimmt viel mehr Fragen, die Sie sich stellen können, um herauszufinden, wo Sie sich gerade mit Ihrer Verhandlungsexpertise befinden. Helfen kann in diesem Fall ein externer Mentor. So leiste ich mir mehrmals im Jahr einen Mentor, der mich selbst bei Verhandlungen begleitet und mir im Nachgang Verbesserungen vorschlägt. Und glauben Sie mir, egal, wie gut Sie sind, es gibt immer etwas zu verbessern. Aus diesem Grunde gibt es für mich keine perfekte Verhandlung. Es gibt sehr gute, gute, mittelmäßige, ausreichende, mangelhafte oder ungenügende Verhandlungen, aber nie perfekte. Eine perfekte Verhandlung ist mir bei all meinen Verhandlungen noch nicht untergekommen.

Schlussendlich müssen Sie Ihre Antworten mit dem Verhandlungsziel vergleichen. Sind Sie der Meinung, dass Ihre Krisenverhandlungskompetenz ausreicht, um Ihr Verhandlungsziel zu erreichen, dann ist alles gut, und Sie können gestärkt und motiviert in die Krisenverhandlung einsteigen. Fallen Ihnen aber Punkte auf, wo Sie Nachbesserungspotenzial haben, dann sollten Sie nachbessern. Es gibt nichts Schlimmeres, als mit einem bewussten

Defizit in eine Verhandlung zu gehen. Sie können noch so abgebrüht, pfiffig und selbstdarstellerisch sein, Ihr Unterbewusstsein arbeitet permanent und erinnert Sie in regelmäßigen Abständen an Ihre Verhandlungsschwäche. Genau genommen spricht Ihr Unterbewusstsein mit Ihrem Gehirn und sagt: „Hoffentlich kommt mein Verhandlungsgegner nicht auf mein Defizit zu sprechen!" Dieser Gedanke schwebt immer mit, macht Sie unkonzentrierter und Sie verpassen vielleicht dadurch den Sieg. Als Fazit möchte ich Ihnen auf den Weg geben: Verbessern Sie permanent Ihre Verhandlungsdefizite.

Keine Angst haben zu verlieren – Krise als Gewinner sehen

Ein geübter Bergsteiger, auf seinem Weg zum Gipfel, hat niemals Angst zu scheitern. Würde er Angst haben, wird er den Gipfel nie erreichen, denn die Angst wird ihn im Unterbewusstsein daran hindern, sein Ziel zu erreichen. Die Angst sucht Gründe des Scheiterns. Ausreden wie schlechtes Wetter, die Aufstiegsroute ist zu schwierig oder ich habe garantiert die falsche Ausrüstung dabei oder habe ich bei meinem Aufbruch wirklich alle Türen zu Hause verschlossen? Die Angst lässt uns das Ziel aus den Augen verlieren und gerade das Ziel ist in Krisensituationen der Schlüssel zum Erfolg. Diese Fokussierung des Ziels muss immer gegenwärtig sein. Der Bergsteiger hat keine Angst vor dem Berg, aber er hat immer Respekt. Respekt über die Schwierigkeit der Route, Respekt über das Wetter und Respekt über sein eigenes Wissen und Können, Respekt vor dem Berg.

Diese Botschaft ist ein sehr wichtiger Baustein in Krisenverhandlungen. Sollten Sie Angst vor Ihrem Verhandlungsgegner oder der zur verhandelnden Situation haben oder einfach auch nur Angst haben zu scheitern, dann werden Sie scheitern. Daher mein Tipp: Haben Sie keine Angst, aber haben Sie Respekt vor Ihrem Verhandlungsgegner und auch der zu verhandelnden Situation. Falls Sie doch Angst haben, dann kann ich Ihnen aus eigener Erfahrung sagen, dann war Ihre Vorbereitung schlecht. Sie haben Defizite identifiziert und diese bereiten Ihnen ein mulmiges Gefühl. Anstatt sich konzentriert auf das Verhandlungsziel zu fokussieren, spielen Ihre Gedanken im Kopf „Verstecken" laut der Devise: „Ich verstecke meine Schwächen, damit mein Verhandlungspartner diese nicht findet." Ihre Gedanken sind damit beschäftigt, Ihre Missstände zu verstecken, anstatt sich auf das Verhandlungsziel zu konzentrieren, Kein Wunder, dass Sie verlieren werden. Bedenken Sie, nicht umsonst sitzt genau diese Person Ihnen gegenüber. Ihr Verhandlungspartner hat sich mit Sicherheit auch auf diese Krisenverhandlung vorbereitet. Stellen Sie sich darauf ein, dass er die Kompetenz und die Verantwortung zum Verhandeln und zum Siegen im Koffer mitbringt.

Selbstbewusstsein stärken

Laut Definition beschreibt Selbstbewusstsein das „tiefe Überzeugtsein von den eigenen Fähigkeiten". In unserem Fall das Vertrauen in die Krisenverhandlungskompetenz und den eigenen dazu erreichten Wert. „Selbstvertrauen" ist ebenso wie das damit verwandte „Selbstwertgefühl" ein Ausdruck der mentalen Stärke. Wer beides besitzt, geht nicht nur gelassener mit Konflikten und Konfrontationen um, welche wiederum in jeder Krisenverhandlung vorkommen. Selbstbewusste Menschen trauen sich auch mehr zu und haben in der Folge auch mehr Erfolg.

Wichtig ist, Selbstbewusstsein entwickelt sich, denn es lässt sich aktiv fördern, lernen und stärken. Hierzu benötigen Sie das Ergebnis Ihrer Eigenkompetenzentwicklung in Abschn. 3.2.4. Die drei Fragen, wer bin ich, was kann ich und was bin ich wert, sollten Sie in dem Kapitel bereits beantwortet haben. Neben der Eigenwahrnehmung, das Bewusstsein darüber, was ich bin, was ich fühle und was ich kann, empfehle ich stets eine Fremdwahrnehmung, die Beurteilung eines Außenstehenden, zum Beispiel eines Coach oder Mentors, in die Betrachtungsweise einzubeziehen.

Doch wie stärke ich nun mein Selbstvertrauen, wenn ich weiß, wer ich bin und was ich kann? Ich glaube, es gibt bestimmt über tausend Bücher und über 10.000 Coaches, welche sich diesem Thema angenommen haben. Über dieses Thema hier von mir auch noch im Einzelnen zu schreiben, würde zu sehr in die Tiefe gehen und den Rahmen dieses Buches sprengen. Daher möchte ich Ihnen mein **Top-5-Tipps zur Steigerung Ihres Selbstbewusstseins** nennen.

1. Stellen Sie sich Ihren Ängsten

Dale Carnegie [9] drückte es in deinem Buch „Sorge dich nicht, lebe" so aus: „Selbstvertrauen gewinnt man dadurch, dass man genau das tut, wovor man Angst hat, und auf diese Weise eine Reihe von erfolgreichen Erfahrungen sammelt." Das bedeutet, Sie müssen Ihre Komfortzone verlassen, um Ihr Selbstbewusstsein zu steigern.

2. Erlauben Sie sich, Fehler zu machen

Niemand ist perfekt. Bei jedem Menschen findet man Schwächen. Das ist ganz normal. Was viele Menschen aber nicht verstehen, ist, dass das Zugeben und Eingestehen von Schwächen im übertragenen Sinne eine Stärke ist.

3. Arbeiten Sie an Ihrer Körpersprache

Peter Buchenau [10], ein anerkannter Redner und Mentor, hat dieses in einem Workshop, den ich besuchen durfte, wunderbar demonstriert.

Übersicht

Übung:
Stellen Sie sich einfach mal kurz gerade hin. Nun machen Sie einen Buckel und lassen die Hände vor Ihrem Körper locker nach unten hängen. Senken Sie nun den Kopf und öffnen leicht den Mund. Nun sagen Sie bitte: „Mir geht's gut!"

Und wie fühlt sich das an? Sind Sie in dieser Haltung voller Tatendrang und können Bäume ausreisen beziehungsweise Verhandlungen gewinnen? Mit Sicherheit nicht.

Nun stellen Sie sich gerade hin. Ziehen die Schultern ein wenig zurück und der Kopf blickt gerade nach vorne. Jetzt wiederholen Sie: „Mir geht's gut!" Wie fühlt sich das jetzt an?

Wesentlich besser, richtig. Sie sehen also, wie wichtig es ist, an der Körpersprache zu arbeiten und Körperspannung aufzubauen. Sie wirken präsenter und entschlossener. Mit dieser Einstellung können Sie nun in eine Krisenverhandlung begeben.

---

4. Hören Sie auf, sich mit anderen zu vergleichen

Oft höre ich von Kollegen: „Ich möchte so sein wie er" oder „Wenn ich das könnte, was sie kann, dann"! Hören Sie auf damit. Sie sehen in der Regel nur eine positive Fähigkeit Ihres sogenannten Idols. Diese Person hat aber auch Schwächen, die Sie vielleicht jetzt noch nicht kennen. Wollen Sie diese Schwächen oder gar negativen Persönlichkeiten auch übernehmen? Na also, Sie sind gut so, wie Sie sind.

5. Feiern Sie Erfolge

Das ist mein Lieblingstipp zum diesem Kapitelthema. Egal wie klein der Fortschritt ist, feiern Sie. Lassen Sie es sich gut gehen. Nehmen Sie Ihren Lebenspartner und gehen zum Beispiel gut essen oder Sie machen eine Falsche Wein oder Sekt auf. Stellen Sie jede Weinflasche auf Ihre Küchentheke, entsorgen Sie keine. Am Ende eines Monats werden Sie erkennen, wie erfolgreich Sie eigentlich sind.

Abschließend zu diesem Kapitel möchte ich noch auf den kleinen, aber wichtigen Unterschied zwischen Selbstvertrauen und Selbstbewusstsein hinweisen. Das Selbstbewusstsein blickt auf immer auf die Gegenwart und kennt die eigenen Stärken, Schwächen und Grenzen – ist sich deren „bewusst". Selbstvertrauen richtet den Blick immer nach vorn in die Zukunft und versetzt uns in die Lage, unsere Grenzen zu überwinden.

Verhandlungsresilienz stärken

Als Resilienz bezeichnet man in der Psychologie die Fähigkeit zu Belastbarkeit und innerer Stärke. Vor allem in der therapeutischen Arbeit wird verstärkt Wert daraufgelegt, Resilienz auszubilden und damit psychischen Störungen und anderen persönlichen Problemen vorzubeugen. Nach Klaus Lieb, Professor für Psychiatrie und Psychotherapie, Deutsche Resilienz Zentrum in Mainz, versteht man unter Resilienz die Eigenschaft, auch nach elementaren Krisen rasch in einen seelischen Normalzustand zurückzukehren, wobei man von einer Fähigkeit ausgeht, die prinzipiell jeder erlernen und trainieren kann (Stangl, 2021).

Betrachtet man den Resilienzbegriff in Zusammenhang mit Krisenverhandlungen, so ist es die Fähigkeit von Menschen, auf wechselnde Verhandlungssituationen und den daraus sich ergebenden geänderten Anforderungen flexibel und angemessen zu reagieren. Gerade in Krisenzeiten ist es wichtig, stressreiche und schwierige, teils auch frustrierende und belastende Verhandlungssituationen und Ergebnisse ohne psychische Folgeschäden zu meistern und ohne negative Folgen standzuhalten.

Schauen wir kurz auf unseren Bergsteiger zurück. Wie Sie wissen, kann der Gipfel nicht immer erfolgreich bestiegen werden. Wetter, Klima, Ausrüstung, psychische oder körperliche Schwächen können den Weg zum Gipfel verunmöglichen. Doch gibt ein erfahrener Bergsteiger auf, wenn er einen Gipfel nicht erreichen konnte? Nein, im Gegenteil, er wird aufgrund seines Willens immer wieder aufstehen und versuchen, den Gipfel doch noch irgendwie zu erreichen. Erfahrene Bergsteiger sind wie Stehaufmännchen, die aufgrund ihres tiefen Schwerpunktes immer wieder in eine aufrechte Position zurückkommen werden. Der tiefe Schwerpunkt des Bergsteigers ist immer ein sicherer Stand.

Was bedeutet das für den Krisenverhandler? Nachfolgend ein paar Tipps, die ich Ihnen gerne an die Hand geben möchte zur Stärkung Ihrer Verhandlungsresilienz:

1. Setzen Sie beim Verhandeln nicht alles auf eine Karte. Erfahrene Verhandlungsexperten haben immer mehrere Karten im Ärmel.
2. Vermeiden Sie Ausdrücke wie: „Es war schon immer so!", „Da kann man nichts machen!" oder „Es kommt, wie es kommt!". Anders ausgedrückt, liefern Sie sich nicht Ihrem vermeintlichen Schicksal aus, sondern suchen Sie noch nie dagewesene Alternativen.
3. Sehen Sie nicht nur Ihre Verhandlungsaufgabe, sondern das große Ganze beider Verhandlungsparteien.

4. Entwickeln Sie einen Sinn für nicht materielle Werte wie positive Gefühle, Freude, Frohsinn, Humor, Faszination und Liebe. Diese Werte stärken Ihre seelische Abwehrkraft und können negative Ereignisse abwenden.

5. Vertrauen Sie Ihren Freunden. Alleinsein ist ab und an heilsam, doch die Wissenschaft hat mittlerweile bewiesen, dass Einsamkeit auf Dauer krank macht. Gute Beziehungen und Freunde sind überlebenswichtig. Menschen brauchen Menschen zum Reden. Bedenken Sie aber, gute und ehrliche Kontakte kommen nicht von allein. Netzwerke wollen und müssen gepflegt werden.

So gilt mein Dank an Roz Usheroff. Roz ist eine außerordentlich exzellente Netzwerkerin. Sie hat mir viele Tipps zum erfolgreichen Netzwerken beigebracht.

6. Suchen Sie auf keinen Fall einen Sündenbock. Manchmal gibt es Verhandlungsumstände, die nicht zu ändern sind. Das ist dann halt so. Stehen Sie zu sich und nehmen Sie diese Situation ohne Wertung an.

7. Folgen Sie Ihrem Herzen, auch wenn Sie enttäuscht, traurig oder wütend sind. Gerade in den schweren Stunden ist es wichtig, seinem Herzen zu folgen und seine eigenen Spuren zu hinterlassen. Legen Sie dazu Ihren Schutzpanzer ab, den Sie sich zugelegt haben, um Gefühle und Emotionen nicht sichtbar zu machen. Ein Herz kann in einem Schutzpanzer nicht lange schlagen, schon gar nicht in einer Krisenverhandlung. Wenn Sie dieser Punkt tiefer interessiert, dann lesen Sie gerne „Mach, was dein Herz dir sagt" von Peter Buchenau [11].

8. Schlafen Sie immer ausreichend, denn nach wie vor ist Schlaf die beste Medizin und stärkt somit Ihr Immunsystem.

Sicherlich gibt es noch weitaus mehr Tipps, wie Sie Ihre Verhandlungsresilienz stärken können. Diese genannten 8 Tipps helfen mir persönlich am besten. Ich setze diese, so weit es geht, immer wieder um.

Angriff ist die beste Verteidigung oder nur wer den Erfolg sucht, gewinnt

„Angriff ist die beste Verteidigung. Die Zeit ist Euer! Sie wird sein, was Ihr aus ihr macht!" Dieses Zitat wird Carl von Clausewitz (1780–1831), einem preußischen General und Militärtheoretiker, zugeschrieben [12].

Gerade für Krisenverhandlungen beherbergt dieses Zitat so viel Wahres. Ein Angriff ist im Allgemeinen der Versuch, den eigenen Einflussbereich aktiv auszudehnen, mit dem Hintergedanken die eigene Position zu verteidigen und zu stärken. Ein Angriff sollte immer den Vorteil in der Überraschung suchen. Assoziieren wir dieses Zitat in den Sport, dann handelt es sich um offensive Spielzüge, Taktiken und Positionen, und diese werden im Vorfeld geplant, erarbeitet und dann im Spiel für den Gegner überraschend umgesetzt.

So wie im Sport muss auch bei einer Krisenverhandlung eine Überraschung vorbereitet werden. Diese kommt nicht einfach von ungefähr. Fußballtrainer analysieren auch im Vorfeld die gegnerische Mannschaft, suchen nach deren Stärken und Schwächen und eventuell auch nach deren Überraschungselemente. Nach der Analyse wird eine Taktik erstellt, damit das Gegenüber sein Überraschungselement nicht einsetzen kann. Sie sind vorbereitet und so ist der Überraschungsangriff des Gegners für Se selbst keine Überraschung mehr, Sie haben sich darauf eingestellt. Im Gegenteil, Sie überraschen damit den Gegner, weil er nicht damit rechnet, dass Sie seine Überraschungen kennen.

Sie sehen, wie wichtig es ist, im Vorfeld seinen Verhandlungsgegner zu kennen. Je besser Sie den Menschen, der Ihnen gegenübersitzt analysiert haben, seine Schwächen und Stärken kennen, sein Umfeld, wie Firma, Hintergrund, Partner, Ziele und Verhandlungsspielraum, bekannt ist, desto erfolgreicher werden Sie im Nachgang mit Ihrem Verhandlungsergebnis sein. Bedenken Sie dabei aber immer, Ihr Verhandlungsgegner wird in der Regel, gerade bei Krisenverhandlungen, sich auch über Sie, Ihr Umfeld und Ihre Schwächen und Stärken informiert haben. Die Person wird versuchen, ebenfalls als Sieger den Verhandlungstisch im übertragenen Sinne zu verlassen. Der Vorteil des Angriffs liegt in der Überraschung. Welche Überraschungen haben Sie für Ihren Verhandlungspartner vorbereitet?

Agenda planen und Team einweisen

Wir sind nun an dem Punkt angekommen, wo Sie Ihre Stärken und Schwächen kennen, so wie auch diese Ihres Verhandlungsgegners. Jetzt steht die Terminplanung an. Wichtig finde ich hier, einen geeigneten Ort zu finden. Wenn immer möglich, versuche ich meinen Verhandlungsgegner immer in meine heimischen Gefilde einzuladen. Hier habe ich Heimvorteil und fühle mich wohl. Ich kenne das Gebäude, den Raum, die Abläufe, die Kollegen, und auch für mich als Frau ganz wichtig, die Toilettenanlagen bzw. Waschräume. In Krisenverhandlungen kann es aber sein, dass nicht Sie den Heimvorteil haben, sondern Ihr Gegenüber. Wenn dem so ist und Sie in fremde Räumlichkeiten eingeladen werden, versuchen Sie all die obigen Punkte zuvor abzuklären.

Ein ganz wichtiges Beispiel ist der Toilettengang. Wenn Sie nicht wissen, wo sich die Waschräume befinde, und Sie eventuell länger suchen müssen, geben Sie Ihrem Verhandlungsgegner die Zeit, sich auch mögliche Überraschungen Ihrerseits einzustellen und ein Vorteil kann somit verloren gehen. Gerade ich als Frau muss ab und an auch meine Lippen nachziehen.

Daher empfehle ich Ihnen immer, mindestens sechzig Minuten vor dem Verhandlungsbeginn einzutreffen und sich mit den Örtlichkeiten vertraut zu machen. Das sollten Sie auch tun, wenn Sie in Ihrem Heimrevier verhandeln. Es gibt nichts Schlimmeres als Menschen, die genau auf die Minute zum Verhandlungstermin erscheinen und feststellen, irgendetwas fehlt oder funktioniert nicht. Zu spät kommen bei Krisenverhandlungen geht gar nicht. Das ist ein absolutes No-Go. Planen Sie daher die Anreise immer so ein, dass, egal, was auch passiert, ein Stau, eine Zug- oder Flugverspätung, Sie immer, und das betone ich ausdrücklich, zu früh am Verhandlungsort eintreffen. Wenn es nicht anders gehen sollte, reisen Sie am Vortag an.

Das bringt uns zur Agenda. Machen Sie sich Gedanken, welche Punkte verhandelt werden sollen und wie lange jeder dieser Punkte verhandelt werden darf. Aus meiner Sicht gibt es nichts Negativeres in der Planung als ein „open end". Das wirkt für mich demotivierend und ermüdend. Zur Sicherheit legen Sie schon mal intern einen weiteren Verhandlungstermin fest, falls es zu keiner Einigung im gesetzten Zeitrahmen gibt. Aus meiner Erfahrung werden die größten Eingeständnisse in der Verhandlung immer zu dem Zeitpunkt erreicht, wenn das terminliche Ende des Verhandlungsmeetings naht. Jeder möchte doch nach Hause, den letzten Zug erreichen oder gar den letzten Flug nach Hause. Zeitdruck ist nie gut für den Verhandlungserfolg, schon gar nicht in Krisenzeiten.

Planen Sie daher im Vorfeld genügend Zeitreserve ein. Wenn es nicht anders geht, bleiben Sie eine Nacht länger.

Legen Sie im Vorfeld fest, wann startet und wann endet das Verhandlungsmeeting? Wann sind die Pausen geplant? Gibt es zu den Pausen Erfrischungen, leichtes Essen oder gar Süßigkeiten wie Kuchen und Gebäck? Gibt es Rauchpausen? Je nachdem, wann das Meeting startet, wie ist die Sonneneinstrahlung und wo sitzen Sie und Ihr Team am Verhandlungstisch? Ist Ihr Team eingewiesen und ist jeder mit seiner Aufgabe sicher betraut?

Ich empfehle Ihnen, eine Verhandlungsassistenz einzustellen. All die Aufgaben, welche ein Verhandlungsmeeting betreffen, kann von einer guten Assistenz vorbereitet werden. Ihre Aufgabe soll es sein, eine gute Verhandlung zu führen und Ihre Ziele zu erreichen. Überlassen Sie die Vorbereitung Ihrer Assistenz. Ebenso das Verhandlungsprotokoll. Eine gute Assistenz ist darauf geschult, Protokolle zu führen, und diese dann auch im Nachgang allen Beteiligten zur Verfügung zu stellen. Daher ist Fokussierung Pflicht und das bedeutet für Sie Verhandeln und nicht Administration.

Im Kopf laut Nein sagen können – Kontrolle über die eigenen Gedanken erlangen

Peter Buchenau sagte einmal in einem Workshop, den ich besuchen durfte: Einer der größten Stressoren ist es, wenn man „Ja" sag, aber „Nein" denkt. Blicken Sie jetzt einmal in Ihre Vergangenheit zurück. Wie oft haben Sie in Ihren Leben schon „Ja" gesagt, aber „Nein" gedacht? Ich gehe eine Wette mit Ihnen ein. Bestimmt öfters, als Sie es sich gewünscht haben. Und wie haben Sie sich danach gefühlt, gestresst oder gar unwohl? Im schlimmsten Fall vielleicht als Feigling oder Versager?

In Verhandlungen und gerade in Krisenverhandlungen ist das Wort „Nein" Ihr mächtigstes Argument. Wer nicht „Nein" sagen kann, wird jede Verhandlung verlieren. Ihrem Verhandlungsgegner einen Wunsch, Bitte oder auch Vorschlag abzuschlagen, ist oft schwer. Aber wenn Sie „Nein" sagen, setzen Sie Grenzen und üben dadurch im Gegenzug Stärke und Macht aus. Als Verhandlungsexperte darf man keine Angst vor Konflikten oder Zurückweisungen, auch nicht vor einem „Nein" des Gegenübers, haben. Ein „Ja" und ein „Nein" sind jeweils kleine kurze Worte, doch beide Worte haben wahrscheinlich die stärkste Kraft, Bedeutung und Auswirkung, welche Worte jemals besitzen können.

Was sind die Gründe, warum Menschen viel zu wenig „Nein" sagen? Meiner Erfahrung nach erkenne ich immer wieder die drei gleichen Ursachen:

Erstens, die Angst, nicht gemocht zu werden.

Es gibt Menschen. die möchten überall beliebt sein. Ihr Motiv für ein „Nein" ist die Angst, aufgrund eines Neins nicht mehr gemocht zu werden. Diese Angst tritt nach meinen Beobachtungen sehr oft innerhalb des Familien- und Freundeskreises sowie am Arbeitsplatz mit den unmittelbaren Kollegen auf.

Zweitens, die Angst vor Konflikten.

Es gibt Menschen, welche ein sehr großes Harmoniebedürfnis besitzen. Bei diesen Menschen kommt die Angst, bei einem „Nein" in eine Diskussion oder gar in einen Konflikt verwickelt zu werden. Bevor aber das geschieht, sagen Sie lieber Ja, um zu verhindern, dass eine Diskussion oder gar ein Streit ausgelöst wird.

Drittens, die Angst vor Veränderungen und Konsequenzen.

Es gibt Menschen, welche möchten, dass alles so bleibt, wie es ist. Das ist bequem, denn alles ist bekannt. Eine Veränderung ist im Gegensatz immer mit einem Kraftaufwand verbunden und oft ist die Konsequenz des daraus resultierenden Ergebnisses unbekannt. Das Ungewisse bereitet vielen Menschen Angst. Diese Angst ist das Motiv, unterbewusst auf ein „Nein" zu verzichten und stattdessen „Ja" zu sagen.

Als guter Krisenmanager und Krisenverhandler dürfen Sie keine Angst vor den Konsequenzen haben. Daher mein Tipp, wenn Sie das „Nein"-Sagen als eine Ihrer Schwächen identifiziert haben, fangen Sie an, „Nein"-Sagen zu lernen. Erfolg hat bekanntlich drei Buchstaben: T U N. Üben Sie „Nein"-Sagen zuvor, so oft Sie können, denn Übung macht den Meister. Möglichkeiten dazu haben Sie genug. Zum Beispiel an der Supermarkt-Wursttheke Ihres Lebensmittelhändlers. „Darf es ein bisschen mehr sein?" Sollten Sie an weiterführender Literatur zum Thema „Nein"-Sagen interessiert sein, empfehle ich Ihnen das Buch von einem meiner Mentoren Peter Buchenau mit dem Titel „Nein gewinnt" [13], erschienen im Springer Verlag.

Zusammenfassung der Vorbereitung

Viele Menschen fragen mich nach meinem Erfolgsgeheimnis bei Verhandlungen. Meine Antwort ist immer die gleiche. Eine sehr gute Verhandlungsvorbereitung. Je besser und intensiver die Vorbereitung, desto größer der Verhandlungserfolg. Leider habe ich aber bei vielen Krisenverhandlungen festgestellt, dass die meisten Verhandlungsgegner sich kaum bis gar nicht vorbereiten. Der Stressfaktor der Krise ist zu groß, jede Minute zur Konflikt- und Krisenlösung ist kostbar. Der Verhandlungsvorbereitung wird keine Zeit zugesprochen. Aus meinen Erfahrungen kann ich behaupten;

„Für eine Stunde Verhandlung benötigen Sie vierzig Stunden Vorbereitung!"

Zusammenfassend habe ich die wichtigsten Vorbereitungen in einer Tabelle zusammengefasst.

Verhandlungsgegenstand:

Weshalb ist eine Verhandlung erforderlich? Thema eingrenzen, Streitpunkte. Gibt es eine Alternative zur Verhandlung?

Problembeschreibung/Vorgeschichte /Hintergründe, Daten, Infos, Präzedenzfälle, Rechtslage, Statistiken, Vorverhandlung

Informationen über Verhandlungspartner Namen (einüben!), Titel, Position, Befugnisse, Interessen, Familie, Besonderheiten, Tabuthemen, positive Vorerfahrungen/ Animositäten

Eigene Interessen/Ziele/Teilziele: Welches sind unsere Interessen? Gewichtung vornehmen, gewünschte Ergebnisse (min./max.), Verhandlungsspielraum, Zwänge, Schmerzgrenze, Zielscheibe, eigene emotionale Situation

Interessen/Ziele der anderen Seite: Was wissen wir bereits? Welche Infos müssen wir noch besorgen? Wie? Werden Drittinteressen berührt (Politik/Institutionen)?

Lösungsvarianten/Optionen: Brainstorming, Auswirkungen, Pro/Kontra-Argumente, Paketlösungen, „Bonbons", die nichts kosten

Eigene beste Alternative/beste Alternative des Verhandlungspartners: Was mache ich im Fall einer Nichteinigung? Wann steige ich aus?

Zukunftsperspektiven/Langfristigkeit der Beziehung: Welche Auswirkungen auf die Zukunft der Beziehung hat der Abschluss?

Organisatorischer Rahmen: Wer hat eingeladen? Wer moderiert? Protokollführung: Datum, Ort, Uhrzeit, Dauer, Einladungsfrist, An-/Abreise, Unterkunft; Tagungsraum: Größe (Teilnehmerzahl), Technik; Teilnehmer: Sind alle wichtigen Parteien vertreten? Niemand „überflüssig"? Externe Experten vorgesehen? Sitzordnung, Namensschilder Tagesordnung, weitere Unterlagen; Tagungsservice: Getränke, Essen, Pausen, Ambiente, Art des Empfangs, Kleiderordnung; nächster Termin, weitere Verhandlungen erforderlich?

Interne Absprache: Ist eine interne Vorbesprechung erforderlich? Mit wem? Welche Absprachen müssen getroffen werden? Verhandlungsführer? Rollenverteilung? Beobachter? Verhandlungsziele und Strategie, Optionen, Deadline, Reizthemen, Argumente, Konsens?

Verhandlungseinstieg: vertrauensbildende Maßnahmen, Anwärmphase, Vollmachten klären

3.3   Die Durchführung

Erfolg hat drei Buchstaben: T U N. Nach dem Sie sich nun perfekt vorbereitet haben, steht einer professionellen Krisenverhandlung nichts mehr im Wege. Dennoch benutze ich sehr gerne vor dem Verhandeln noch einen ultimativen Quick Check, ob alles für die Krisenverhandlung vorbereitet ist. Ich nenne es einfach nochmals LCN (Last Check before Negotiation). Ich rufe mir nur ein Wort in mein Gedächtnis, und zwar das Wort Performer. Gute Krisenverhandler sind immer auch Performer. Das Wort Performer ist ein Kunstwort, denn jeder Buchstabe im Wort steht für eine Tätigkeit. Diese Tätigkeiten sind nicht willkürlich gewählt, sondern nacheinander folgend aufgebaut. Beginnen Sie mit dem Buchstaben P wie:

Purpose Ist der Sinn Ihrer Verhandlungsaufgabe nicht klar, ist Ihr Ziel nicht sauber definiert, dann empfehle ich Ihnen, nicht mit der Verhandlung zu beginnen. Denn wenn ein Kapitän nicht den Zielhafen seines Schiffes kennt, wird er nie ankommen.

Empowerment Sind Sie befähigt, eine Krisenverhandlung zu führen. Kurz gesagt, wollen, können und dürfen Sie verhandeln? Ist eine dieser Antworten „Nein", dann sollten Sie ebenfalls nicht in die Verhandlung starten. Gehen Sie zurück zur Vorbereitung und machen Sie Ihre Hausaufgaben.

Relationship Ist jeder im Team mit seiner Aufgabe betraut? Von Ihrem Verhandlungspartner, über den Assistenten bis hin zu Ihrem Management?

Flexibility Haben Sie Ihre BATNA definiert? Steht Ihr Plan B, C oder gar D?

Optimism Sind Sie motiviert genug, um in die Verhandlung zu starten und auch optimistisch eingestellt, die Krisenverhandlung zu Ihren Gunsten zu entscheiden?

Respect Egal, wer Ihnen in der Verhandlung gegenübersitzt, egal, welche Argumente Ihr Verhandlungsgegner mit seinem Team in die Waagschale wirft, behandeln Sie ihn und sein Team immer respektvoll. Ihr Verhandlungsgegner hat sich bestimmt ebenso professionell wie Sie auf diese Verhandlung vorbereitet.

Magnetism Wie ist Ihre physische und psychische Verfassung am Verhandlungstag? Sind Sie ausgeruht und strahlen Sie? Ziehen Sie Ihr schönstes Lächeln an. Seien

Sie freundlich und zuvorkommend. Sind Sie präsent und wirken Sie?

Energy Sind Sie konditionell vorbereitet auf eine vielleicht auch länger andauernde Krisenverhandlung? Es wäre doch schade, wenn Ihnen auf dem Weg zum Verhandlungsziel unmittelbar vor der Ziellinie sprichwörtlich die Luft ausgeht.

Repetition Habe Sie genug geübt beziehungsweise Verhandlungserfahrung? Übung macht bekanntlich den Meister.

Haben Sie alle diese neun Fragen mit einem „Ja" beantwortet? Wenn ja, dann sind Sie nun bestens vorbereitet für die Krisenverhandlung. Ich werde in den nachfolgenden Kapiteln immer wieder auf den einen oder anderen Buchstaben und dessen Tätigkeitsbedeutung zurückgreifen. Es vereinfacht die Erklärungen. Nachfolgend habe ich die Performer-Methode noch einmal in einer Grafik zusammengefasst (Abb. 3.2).

Vom Verhandlungsgegner zum Verhandlungsfreund

Ihnen ist sicher aufgefallen, dass ich in dem gesamten Vorbereitungskapitel vom Verhandlungsgegner geschrieben habe, und das ist auch richtig so. Denn nach wie vor möchte ich, und ich bin mir sicher auch Sie, als Gewinner den Verhandlungstisch verlassen. Niemand, wirklich niemand, geht mit der Absicht zu verlieren in einen Wettkampf, weder beim Sport noch am Verhandlungstisch.

Doch in Krisenzeiten können andere Regeln gelten. Klar muss das oberste Ziel für sich selbst, seinem Unternehmen oder gar seinem Land sein, mit erhobenem

Performer Methode

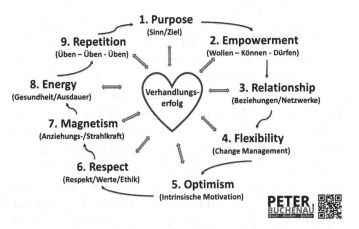

Abb. 3.2 Performer-Methode

Haupt die Verhandlungsrunde zu verlassen, um in beider Zufriedenheit eine Lösung, vielleicht auch nur vorübergehende Lösung, zu erreichen, bis die Krisensituation überstanden ist.

Gerade jetzt, wo ich diese Zeilen schreibe, beherrscht die Corona-Pandemie das Weltgeschehen. Heute Nacht verkündete die deutsche Bundesregierung einen totalen verschärften Lockdown über die Osterfeiertag 2021. Einen Lockdown allerdings, der mehr Löcher hat als Schweizer Käse. Vor allem aber mit einem Ergebnis, bei dem es nur Verlierer gibt. Die Bundeskanzlerin Angelika Merkel ist mit dem Ergebnis unzufrieden, ebenso wie die Ministerpräsidenten. Ganz zu schweigen von der Wirtschaft, den Handelsverbänden, der Industrie, dem Hotel- und Gaststättengewerbe, dem Tourismus, der Kunst- und Kulturszene, ja sogar die Kirche hegt schwere Bedenken über das erreichte Ergebnis. Heute, am 23. März 2021, ist aus der

Sicht einer Krisenverhandlung gesprochen, der Tag der deutschen Verlierer.

Vielleicht fragen Sie mich nun: „Was hätte ich anders gemacht?" Meine Antwort: in der Verhandlung wahrscheinlich nichts. Aber im Vorfeld. Das Ergebnis, welches heute Nacht erreicht wurde, ist das Resultat einer ungenügenden Vorbereitung. Und das nicht nur seit Tagen oder Wochen. Die Ernsthaftigkeit einer möglichen Pandemie ist schon seit 2013 (X.X) bekannt und man hätte sich schon seit Jahren auf diese Situation vorbereiten müssen. Sie erinnern sich? Pro Verhandlungsstunde setze ich 40 h Vorbereitungszeit an. Diese Zeit würde anscheinend nicht beachtet und das Ergebnis der Verhandlung ist dem Resultat der deutschlandweiten Unzufriedenheit ersichtlich.

Und so kommt es, wie es kommen musste. Einen Tag später sitze ich wieder am Laptop und schreibe an diesem Manuskript weiter. Die Medien überschlagen sich. Die Bundeskanzlerin Angelika Merkel nimmt die Verordnungen des 23. März 2021 zurück. Es gibt keinen Oster-Lockdown. Die Beschlüsse seien nicht ordnungsgemäß durchdacht worden und werfen im Nachgang zu viele Fehler auf. Sie allein übernehme die volle Verantwortung für die Verunsicherung der Bevölkerung durch die Verhandlungsergebnisse am Vortag. Ich kann mich nur wiederholen, eine bessere und intensivere Vorbereitung wäre vielleicht sinnvoll gewesen.

In Krisenzeiten heißt es, einen Verhandlungskonsens zu finden, bei dem alle Beteiligten einen gemeinsamen Status zu finden und gemeinsam die Krisen zu meistern. Das war bei dem Ergebnis der Bund-Länder-Konferenz am 23. März 2021 nicht der Fall. Es geht hier um das Wohl aller. Alle Beteiligten einer Krisenverhandlung sollten sich als Sieger fühlen. Das motiviert und treibt die Krisenlöser voran. Ist die Krise überstanden, dann können Sie wieder

Ihre Finger ausfahren oder Messer wetzen, aber auch immer bitte respektvoll gegenüber Ihrem Verhandlungsgegner.

Einer meiner wichtigsten Tipps in Krisenverhandlungen ist, sehen Sie in einer Krise Ihren Verhandlungsgegner als Verhandlungspartner und machen Sie diesen zu Ihrem Verhandlungsfreund. Mit Freunden lässt es sich leichter leben, gemeinsam besser kämpfen und siegen. Unter guten Freunden darf man sich auch die Meinung sagen sowie unangenehme oder schwierige Diskussionen leisten. Freunde streiten auch, aber schlussendlich kommen diese immer wieder zusammen. Danach wird gelacht und gefeiert.

Die Begrüßung

Wie heißt es doch so schön: „Sie haben keine zweite Chance auf einen ersten Eindruck." Der erste Eindruck eines Menschen, eines Produktes oder auch eines Unternehmens prägt sich im Gehirn ein. Diesen ersten Eindruck zu ändern ist extrem schwierig, wenn auch nicht unmöglich. Ist dieser Eindruck negativ behaftet, schwingt immer ein „Achtung-Gefahr-Gedanke" in Ihrem Gehirn mit, was zu unterbewusstem Stress führt, und Stress wirkt sich bekanntlich negativ auf die Gehirnleistung aus. Ist der erste Eindruck positiver Natur, so lacht man, und das Glückshormon Serotonin wird ausgestoßen. Der Mensch wirkt dadurch vertrauter, offener und auch kompromissbereiter. Ich kann Ihnen aus eigener Erfahrung schreiben, lächeln Sie bei der Begrüßung, auch wenn vielleicht die aktuelle Situation gerade in Krisenzeiten nicht zum Lächeln ist. Lächeln Sie. Ein Lächeln bringt in der Regel immer ein Lächeln zurück, und das erste Eis ist gebrochen. Ihr Lächeln muss unbedingt von Herzen kommen. Ein aufgesetztes Lächeln wirkt negativ und wird vom Gegenüber wieder als Gefahr eingestuft.

Tipp 1

Es gibt immer Tage, da ist auch mir nicht zum Lächeln. Ich habe da aber einen sensationellen Tipp von meinem ehemaligen Mentor mitnehmen dürfen. Was Sie dazu brauchen: nur einen ganz einfachen Holzbleistift. Nehmen Sie dien Bleistift quer in den Mund, zwischen Ihre Zähne. Die Lippen berühren den Bleistift nicht. Bleiben Sie in dieser Haltung, Im Idealfall führen Sie diese Tätigkeit unmittelbar vor der Begrüßung im Waschraum durch. Halten Sie diese Situation ungefähr drei Minuten. Nach zwei Minuten realisiert Ihr Gehirn über die Muskelspannung Ihrer Backen, dass Sie lächeln. Ihr Gehirn ist irritiert. Auf der einen Seite sind Sie schlecht gelaunt, aber auf der anderen Seite bekommt das Gehirn den Impuls, dass Sie lachen. Um keinen Fehler zu begehen, entscheidet sich das Gehirn automatisch, das Glückhormone Serotonin auszuschütten. Und schon geht es Ihnen besser und Sie können nun gut lächelnd vorbereitet Ihren Verhandlungspartner begrüßen. Sie können diese Übung auch mal in einem Stau auf der Autobahn durchführen und dann mit dem Bleistift im Mund Ihren Fahrbahnnachbar anschauen. Sie glauben gar nicht, wie Sie nach kurzer Zeit, nur mit einem Bleistift eine ganze Autobahn unterhalten können. Ein zusätzlicher Hinweis noch an alle Damen in der Verhandlungswelt. Bitte nach dem Bleistifttrick die Lippen wieder nachziehen (Abb. 3.3).

Tipp 2

Sollte der Bleistifttrick nicht ausreichen, dann habe ich noch eine Hardcore-Variante für Sie. Idealerweise sollten Sie sich in einen geschlossenen Raum begeben. Wenn die Krisenverhandlung in Ihren Räumlichkeiten stattfindet,

Abb. 3.3 Der Bleistift

bin ich mir sicher, Sie finden einen Raum, wo Sie sich
für drei Minuten ungestört bewegen können. Es kann
gerne auch wieder die Küche oder das Bad sein. Findet
das Krisenmeeting in den Räumlichkeiten Ihres Verhandlungspartners statt, bleibt Ihnen wahrscheinlich nur
das Bad zur Wahl. Begeben Sie sich in den Raum Ihrer
Wahl. Vergewissern Sie sich, dass Sie wirklich allein sein.
Nehmen Sie bitte folgende Haltung ein.

Füße, Hüfte und Schultern bilden am Körper eine
senkrechte Linie. Nehmen Sie nun Ihr Arme nach oben
über Ihren Kopf. Wenn Sie nun alles richtig gemacht
haben, dann stehen Sie jetzt wie in einem Western, wo der
Sheriff zu Ihnen sagt „Hände hoch". Jetzt folgt die eigent-
liche Aufgabe. Fangen Sie nun an zu hüpfen. Hüpfen Sie,

hüpfen Sie, hüpfen Sie. Sie werden merken, schon nach kürzester Zeit reagiert Ihr Gehirn. Sport bzw. Bewegung macht frei. Sie fangen automatisch an, über sich selbst zu lachen. Das verspreche ich Ihnen. Bevor es nun aber wieder zur Begrüßung geht, bei den Herren bitte vor dem Spiegel den Anzug- und Krawatten-Check. Bei den Damen bitte das Kostüm, den Hosenanzug oder das Kleid kontrollieren, ebenso Make-up und Lippenstift.

Jetzt wird es Zeit, den Verhandlungspartner zu begrüßen. Schreiten Sie offen und ehrlich, mit einem Lächeln auf Ihren Lippen Verhandlungsgegner zu. Reichen Sie dieser Person die Hand. Selbst wenn die zu verhandelnde Situation noch so verfahren und kompliziert ist, behalten Sie immer Ihre guten Manieren und pflegen Sie die Etikette. In Corona-Zeiten haben wir auch kennengelernt, dass es andere Begrüßungsformen gibt, Fuß an Fuß, Ellenbogen an Ellenbogen oder Faust an Faust. Nehmen Sie bitte aber die letzten beiden Begrüßungsformen nicht allzu wörtlich. Ich möchte nicht, dass Sie mit blauen Flecken die Verhandlung beginnen.

Ihre Assistenz hat den Besprechungsraum vorbereitet. Dieser sollte freundlich und hell gestaltet sein, ebenso gut gelüftet. Bedenken Sie, wenn sich beide Verhandlungs-partner in einer angenehmen Umgebung wohlfühlen, kommen beide Parteien leichter zu einem annehm-baren Ergebnis. Vergessen Sie bitte die alten Tricks wie: „Setze deinen Verhandlungsgegner ins direkte Sonnen-licht, damit dieser geblendet ist". Das ist Verhandlungs-taktik für Anfänger. Ebenso wie manche Unternehmen Verhandlungsgegner bewusst in dunkle Räume führen, ohne Tageslicht, eventuell sogar mit einem hohen Lärm oder Geruchsfaktor, und was ich selbst erlebt habe, mit flackernden Leuchtstofflampen. Das nervt nur und reizt die Stimmung. In der jetzt anstehenden Verhandlung geht es um die Lösung einer Krise. Hier sind beide Parteien gefordert. Schaffen Sie daher immer eine angenehme Raumatmosphäre.

Haben Sie sich eigentlich einmal Gedanken darüber gemacht, wo Sie in einer Krisenverhandlung am Verhandlungstisch sitzen, oder setzen Sie sich auf den Platz, der Ihnen angeboten wird? Grundsätzlich empfehle ich, wann immer es geht, sich nicht unmittelbar gegenüber Ihrem Verhandlungspartner bzw. Verhandlungsgegner zu platzieren. In dieser Situation sind die Fronten verhärtet, die aufgebaute Energie kann nicht entweichen und somit entsteht leichter eine Konfrontation. Diese Verhandlungsspannung kann dadurch verstärkt werden, wenn sich einer der beiden Verhandlungspartner, oder sogar beide, hinter Ihren jeweils aufgeklappten Laptops verstecken. Die Lage eskaliert. Daher empfehle ich in Krisenverhandlungen immer, sich übers Eck zu platzieren. An runden Tischen sogar nebeneinander. Damit signalisieren Sie auch beiden Verhandlungsteams unterbewusst: „Schaut, wir sitzen nebeneinander, versuchen uns anzunähern und suchen gemeinsam nach einem Konsens!"

> **Übung Anfang: Energiefluss**
>
> Nehmen Sie sich einen guten Freund oder Freundin und stellen Sie sich mit 50 cm Abstand gegenüber, Auge in Auge, Körper gegenüber Körper auf. Versuchen Sie nun, Ihr Gegenüber zu überzeugen, dass Sie heute gemeinsam ins Kino gehen. Wie fühlen Sie sich dabei?
> Jetzt darf ich Ihr Gegenüber etwas seitlich versetzt zu Ihnen stellen. Der Abstand bleibt identisch. Wiederholen Sie die gleiche Frage. Wie fühlen Sie sich nun?

Die haben zweimal die identische Frage gestellt. In welcher Standsituation haben Sie sich besser gefühlt? Fragen Sie auch Ihr Gegenüber, bei welcher Frage es sich besser gefühlt hat? Ich bin mir sicher, es war bei der zweiten Frage. Während der ersten Frage, wo Sie Auge in Auge standen, blieb Ihrem Gegenüber keine Möglichkeit des Ausweichens. Eine ungute Spannung baute sich auf. Während der zweiten Frage, wo Sie versetzt zueinanderstanden, hatte die Macht des gesprochenen Wortes, in diesem Fall die Energie, die Möglichkeit, am Gegenüber vorbei zu entweichen. Die Stimmung wird wesentlich angenehmer gewesen sein und die Bereitschaft ins Kino zu gehen sicherlich höher.

Abschließen möchte ich das Kapitel der Begrüßung und der Wahl des Sitzplatzes mit einer für mich ganz wichtigen Erfahrung. Im westlichen Kulturkreis lesen wir von links nach rechts. Auch Grafiken, Statistiken, Tendenzen zeichnen wir von links nach rechts. Unser Gehirn wurde bereits vom Kindergarten an bis zum Schul- oder Universitätsabschluss darauf trainiert, von links nach rechts zu lesen. Das bedeutet, dass wir verstärkt alles wahrnehmen, was sich rechts von uns befindet. Ein altes Sprichwort heißt ja nicht umsonst:

„Jemanden links liegen lassen!"

Wenn mir dieses bewusst ist, bedeutet das automatisch, dass jeder Mensch am Verhandlungstisch, der mich rechts von sich sieht, mich mehr beachtet. Umgekehrt natürlich, dass jeder Mensch, welcher mich links von sich sieht, weniger beachtet. Gute Krisenmanager und Krisenver- handler nutzen daher die Macht des richtigen Sitzplatzes in der Verhandlungsrunde. Möchten Sie permanent im Fokus sein, dann sollten Sie sich so setzen, dass möglichst viele Verhandlungspartner links von Ihnen sitzen. Sollten Sie sich lieber in der Verhandlung zurückhalten wollen, dann platzieren Sie so viele Verhandlungspartner wie möglich rechts von Ihnen. Vielleicht fragen Sie sich jetzt, wie kann ich das erreichen? In den eigenen vier Wänden recht einfach. Benutzen Sie Namensschildchen auf dem Tisch. Die Menschen setzen sich gerne auf einen Platz, der für Sie im Vorfeld mit Namen reserviert ist. Sollten Sie dagegen bei Ihrem Verhandlungsgegner die Krisenverhandlung durchführen, nehmen Sie zur Kenntnis, auf welchen Platz man Sie platziert. Sie wissen jetzt, wozu es dient.

Auf die richtige Ernährung kommt es an

Was gerne unterschätzt wird in Verhandlungen, ist die richtige Ernährung. Wenn Sie im Vorfeld wissen, dass ein Krisenmanagement zeitlich sehr lange dauern kann, planen Sie genügend Frischluft- und Verpflegungspausen ein. Die Ernährung sollte auch auf die Tageszeit, das herrschende Wetter und die betreffende Klimazone angepasst sein. Bedenken Sie, mit leerem Magen verhandelt es sich schlecht. Mit vollem Magen noch viel schlechter. Ein leerer Magen lässt Sie unruhig werden und weniger konzentriert wirken. Bei einem zu vollen Magen kann Müdigkeit und Trägheit einsetzen. Und diese Varianten eines körperlichen Befindens sind sicher in einer Krisenverhandlung nicht zielführend.

Ich erinnere mich an eine Verkaufsverhandlung bei einem großen Lebensmitteldiskounter. Es ging um mehrere neue Körperhygienemittel, welche ich dem Einkäufer zu unseren Konditionen schmackhaft machen sollte. Ich wurde nach dem Empfang in einen fensterlosen Raum geführt. Die Wohlfühlatmosphäre des Verhandlungsraums war schlechter als ungenügend. Für die Verhandlung waren fünf Stunden angesetzt. Im Raum gab es keine Snacks oder Malzeiten, nicht mal Getränke, auch kein Wasser. Der Lebensmitteldiskounter wollte damit erreichen, dass das schlechte Raumklima zu meinem

Unwohlsein und einer Verkürzung der Verhandlungszeit führt und damit niedrigere Einkaufspreise durchgesetzt werden. Der Einkäufer spekulierte damit, dass ich irgendwann Durst oder Hunger bekam und niedrigen Einkaufspreise zustimmte.

Doch leider hatte der Einkäufer die Rechnung ohne Charlotte de Brabandt gemacht. Im Rahmen meiner Vorbereitung fragte ich bei anderen Verkäufern nach, welche Erfahrungen diese Kollegen beim Discounter erfahren haben. So erfuhr ich von verschiedensten Verhandlungskollegen im Vorfeld, dass diese Ernährungsstrategie bei Verkäufer gang und gebe ist. Sie sehen auch hier wieder, eine richtige Vorbereitung ist extrem wichtig. Welche Gegenmaßnahmen traf ich? Ganz einfach, ich hatte mein eigenes Mineralwasser und einen Salat mit Putenbruststreifen in meinem Köfferchen. Sie können sich gar nicht vorstellen, wie überrascht und irritiert der Einkäufer reagiert hat, als ich nach gut einer Stunde meine Mineralwasserflasche und eine weitere Stunde später meinen Putenbrustsalat aus dem Köfferchen nahm und genüsslich verspeiste. Die Verhandlung habe ich zu meinen Gunsten entschieden.

Ein wichtiger Fehler, der insbesondere in langen oder Krisenverhandlungen immer passiert, ist die falsche Pausenernährung. Grundsätzlich meint der Gastgeber es gut. Leider beinhalten all die aufgezählten Snacks und Getränke zu viel Zucker. Bedenken Sie bitte, in einer stressigen Krisenverhandlung sind schon zu viele Kohlenhydrate in Ihrem Blutkreislauf unterwegs. Die zusätzliche Einnahme von mehr Kohlenhydraten führt zu einer weiteren Verdickung Ihres Blutes und einer Verlangsamung des Blutkreislaufes, welches wiederum die Denkfähigkeit Ihres Gehirns vernachlässigt. Ein Schelm, der jetzt Böses denkt, und seinem Verhandlungsgegner

Schokolade und Cola zum Verzehr anbietet, während dieser selbst bei Wasser und Gemüse bleibt.

Abstand gewinnen durch Perspektivenwechsel

Im Gegensatz zu „normalen" Verhandlungen, wo es meist um Gewinnen und Verlieren geht, ist das Ziel von Krisenverhandlungen, eine für beide Seiten annehmbare Lösung zu finden, um die Krise zu meistern. Die Kompromissbereitschaft sollte bei beiden Verhandlungsparteien höher sein als in Verhandlungen, in welchen es keine Krise zu meistern gibt. Dennoch sollte auch in einer Krisenverhandlung jede Partei versuchen, dass für seine Seite im Vorfeld geplante Verhandlungsziel zu erreichen. So kann es auch passieren, dass Krisenverhandlungen festgefahren sind, und zu keinem Ziel führen.

In solchen Situationen verlange ich gerne nach einer dreißigminütigen Verhandlungsunterbrechung. Auf der einen Seite, um mich zurückzuziehen, mich zu erfrischen und um Sauerstoff zu tanken. Auf der anderen Seite aber auch, um einen Perspektivenwechsel zu durchdenken. Setzen Sie sich an einen ruhigen Ort, gerne, wenn es die Witterung zulässt, im Freien, und nehmen Sie bewusst die Haltung Ihres Verhandlungsgegners ein. Stellen Sie sich die Frage:

„Warum verhandelt mein Verhandlungsgegner so, wie er verhandelt?"

„Was sind seine Beweggründe?"

„Wieso rückt er nicht von seinen Forderungen und Bedingungen ab?"

Ziel ist es, Ihr Gegenüber zu verstehen. Verständnis zeigt gerade in Krisenzeiten eine erhöhte Akzeptanz und endet in einer höheren Kompromissbereitschaft. Gut ist es natürlich, wenn Ihr Verhandlungsgegner sich ebenfalls zu einem Perspektivenwechsel zurückzieht. In der Regel gelange ich nach einem solchen Perspektivenwechsel zu einer Einigung.

Wenn Sie Ihren Verhandlungspartner gut kennen, Sie schon über Jahre mit der Person handeln, laden Sie diesen doch zu einem kleinen Rollenspiel ein. Ich gestehe, auch ich hatte am Anfang hierzu meine Bedenken, doch heute fühle ich mich wohl dabei, weil es auch um eine Trennung der Sach- und Persönlichkeitsebene geht. Bitten Sie doch Ihren Verhandlungsgegner, sich hinter den Stuhl zu stellen, auf dem Sie gerade sitzen. Fragen Sie die Person, welche Beweggründe und Tipps er Ihnen, der auf dem Stuhl sitzenden Verhandlungsperson, jetzt empfiehlt, um in der eingefahrenen Verhandlungssituation weiterzukommen. Ihr Verhandlungspartner muss jetzt Ihre Position vertreten und gegen sich selbst einsetzen. Dieses Rollenspiel schafft aus meiner Sicht Vertrauen, Einsicht und Kompromissbereitschaft. Versuchen Sie es.

Der Kunde stellt Forderungen

Forderungen sind Bestandteil jeder Verhandlung. Seien Sie daher nicht überrascht, wenn Ihr Verhandlungsgegner Forderungen stellt. Im Rahmen einer guten Vorbereitung haben Sie sich bestimmt mit der Frage vertraut gemacht, welche Forderungen könnte mein Verhandlungspartner stellen und welche Antworten oder Gegenforderungen kann ich stellen.

Vielleicht bin ich „oldschool" in manchen meiner Aktionen. Ich liebe es, die Forderungen meines Gegenübers zu visualisieren. Eine Pinwand, ein Whiteboard oder auch Flipchart eignet sich bestens dafür. Ich schreibe alle Forderungen meines Verhandlungspartners auf, sodass diese für jeden im Raum ersichtlich sind. Im Vorfeld habe ich selbstverständlich meine Forderungen notiert und füge diese nun, gut sichtbar, neben die Forderungen meines Verhandlungsgegners. Recht schnell erkennen geschulte Verhandler, welche Forderungen sich gegenseitig aufheben und wo Verhandlungsbedarf ist. Dieses Visualisieren spart Zeit. Es hat aber auch den Vorteil, dass ich mich bewege. Jeder Schritt, jede muskuläre Aktivität verbrennt Energie und reduziert Stresshormone.

Am Limit verhandeln

Ich muss immer leicht lachen, wenn die Medien über lange Verhandlungsrunden in der Politik berichten. Es scheint fast so, als habe man Mitleid mit den Politikern, die bis spät in die Nacht zum Wohle der Bevölkerung verhandeln müssen. Gerade in dieser Märzwoche im Jahr 2021, wo ich diese Zeilen schreibe, saßen Frau Merkel und die Ministerpräsidenten bis halb drei Uhr nachts zusammen. Sie verhandelten am Limit. Die Medien schilderten die Verhandlungsrunde so dramatisch, dass man sich ernsthaft um die Gesundheit der Abgeordneten Gedanken machen musste. Und was kam als Ergebnis am Ende raus? Nichts.

Entschuldigung, aber das ist deren Job? Dafür bekommen die Politiker ihre Bezüge. Am Limit zu verhandeln gehört in Krisenzeiten zu Pflichtaufgabe und Pflichtkompetenz jedes am Verhandlungstisch befindlichen Vertreters. Aber das Ergebnis dieses Verhandlungsmarathons hat wieder mal gezeigt, woran es scheitert. An mangelnder Vorbereitung, schlecht geplanter

Durchführung und an Überschätzung der eigenen Fähigkeiten.

Gut, ich gebe zu, dass auch ich nach einem Verhandlungsmarathon bis drei Uhr nachts vielleicht nicht immer ganz fit bin und vor Energie strotze. Aber mit einer guten Vorbereitung hätte die Politik vielleicht gar nicht am Limit verhandeln müssen. Was hätte ich anders gemacht?

Erstens hätte ich das Corona-Krisenmeeting nicht erst um 16.00 Uhr angesetzt. Viele Beschäftige fangen in der Regel am Morgen zwischen 7.00 und 8.00 Uhr an zu arbeiten. Um 16.00 Uhr ist in der Regel ein normaler Arbeitstag schon vorüber. Je nachdem, wie dieser sich gestaltet hat, ist man vielleicht schon froh, nach Hause zu gehen. Die Batterien des Angestellten sind eigentlich schon leer. Mit einem Arbeitstag in den Knochen sollte man nicht in eine Verhandlung, schon gar nicht in eine Krisenverhandlung mit open end gehen. Ich hätte, wenn ich die Organisation des Krisenmeetings beauftragt bekommen hätte, den Start auf 9.00 Uhr festgesetzt, mit verbindlicher Anreise am Vortag.

Zweitens fehlte laut Medienberichten eine Ablaufstruktur. Thüringens Ministerpräsident wartete sechs Stunden auf die Fortsetzung des Meetings bei einer angekündigten offiziellen Pause von fünfzehn Minuten. Meine Verbesserung: Auch Pausen müssen sich an Zeiten halten.

Drittens sollte ein Krisenmeeting nur dazu dienen, um Entscheidungen zu treffen und nicht um Entscheidungen vorzubereiten. Zur Vorbereitung gehört auch das Einholen von Expertenratschlägen zu den zu verhandelnden Themen. Kein Wunder, dass es zum Desaster in dem Krisen-Meeting kommen musste. Welcher Experte ist ohne Vorankündigung um zwei Uhr nachts verfügbar?

Thüringens Ministerpräsident Bodo Ramelow brachte es am 27. März 2021 bei einem Interview mit der Zeitung „Welt" auf den Punkt:

„Erstens: Anwesenheitspflicht – alle kommen ins Kanzleramt."
„Zweitens: Die Konferenz muss so vorbereitet sein, dass es in der Konferenz nur noch um zwei bis drei juristisch geprüfte Alternativen geht."

Zitate: Bodo Ramelow Thüringens Ministerpräsident [14].
Der thüringische Regierungschef beklagte weiter, derzeit lese er die Entwürfe von Kanzleramt und SPD-Ländern zuerst in den Medien, bevor er sie selbst erhalte. Mehr Informationen lägen ihm meist nicht vor. „Das ist gefährlich, weil wir so einfach keine Rücksprache mit unseren Fachleuten halten können – und die können dann auch nicht sagen: Halt, das habt Ihr nicht durchdacht".
Fazit: Mit gut durchdachter Vorbereitung und Organisation ist „Am-Limit-Verhandeln" obsolet. Dieses unabhängig, ob es sich um körperliche Gesundheits- oder Befindlichkeitsgrenzen handelt, oder um Begrenzungen, wie weit in der Verhandlung vom Verhandlungsziel abgewichen werden darf.

Verhandlungsende

Leider erlebe ich sehr oft, dass das Verhandlungsende sträflich vernachlässigt wird. Eine Verhandlung ist wie ein guter Aufsatz. Dieser besteht aus Einleitung = Begrüßung, Hauptteil = Verhandlung, Schlussteil = Verabschiedung. Nur wenn alle drei Bestandteile eines Aufsatzes ordnungsgemäß dem Thema dienlich sind, kann man eine gute Benotung des Prüfenden erwarten. Genauso verhält es sich bei einer Krisenverhandlung. Begrüßung und Verhandlung liegen hinter Ihnen.

Jetzt drängt oft der Weg nach Hause, der letzte Flieger oder die letzte Bahn, welche es unbedingt noch zu erreichen gilt. In vielen Fällen erlebe ich gerade zur Verabschiedung ein flüchtiges, respektloses Verhalten. Tschüss, und der Verhandlungspartner ist weg.

Dabei gibt gerade das Verhandlungsende Mut auf eine weitere gute Zusammenarbeit. Sie haben eine Krisensitzung hinter sich und sind hoffentlich zu einem für beide Seiten tragbaren Ergebnis bekommen. Das ist eine Basis, Sie können auch Neuanfang sagen, für weitere gemeinsame Wege, die es zu gehen gilt, um die Krise weiter bekämpfen oder das Erreichte zu stabilisieren. Sind auch alle Verhandlungshausaufgaben erledigt worden, wie ein richtiges Verhandlungsprotokoll zu führen? Auf diesem sollten die wichtigsten Ergebnisse zusammengefasst sein.

Übersicht

Datum, Ort und Dauer der Verhandlung?
Titel/Zweck der Verhandlung?
Wer waren die Verhandlungsteilnehmer?
Was ist erreicht worden?
Was ist noch offen und muss nachverhandelt werden?
Wer tut was bis wann?
Wie geht's weiter?
Wann ist das nächste Verhandlungstreffen angesetzt?
Bis wann ist dieses Verhandlungsprotokoll jedem Teilnehmer zugänglich?

Die obigen aufgeführten Punkte sind nur die notwendigsten Punkte, welche in ein Verhandlungsprotokoll gehören. Diese Liste kann sicher noch individuell erweitert werden. Was ich immer gerne bei einer Verhandlung anwende, ist das offene Protokoll. Ich visualisiere das Protokoll an Whiteboard, Flipchart oder Großleinwand. In diesem Fall kann jeder Teilnehmer immer und aktuell sehen, wo er gerade in der Verhandlungsrunde steht. Am Ende der Verhandlungsrunde lasse ich jeden Teilnehmer das Protokoll sichtbar unterzeichnen, fotografiere es mit meinem Smartphone ab und fertig ist das Protokoll. Schneller und effizienter können Sie kein Protokoll führen.

Jetzt haben alle Beteiligten auch Zeit, sich ordnungsgemäß, der Etikette folgend, zu verabschieden. Gerade jetzt in Corona-Zeiten muss man sich auch nicht immer die Hand geben. Es reicht ein Augenkontakt, ein wohlwollendes Nicken mit dem Kopf, oder was Sie auch immer wollen, z. B. wie Füßeln. Wichtig aus meiner Sicht ist aber die Nennung des Namens. Jeder Mensch hört gerne seinen Namen. Verabschieden Sie sich daher immer unter der Nennung des Namens des Verhandlungspartners. Gerade wenn Sie noch keine endgültige Krisenlösung gefunden haben, ist dies sinnvoll. Sie wollen oder müssen mit Ihrem Verhandlungspartner noch ein Stück des Weges gehen.

4

Zusätzliche Sonderfälle in Krisenverhandlungen

Das Besondere an Krisenverhandlungen ist, dass in der Regel immer eine Gefährdung einer gewohnten und sicheren Situation für Menschen, die Gesellschaft oder Unternehmen vorliegt. Zusätzlich auch, dass die Krisensituation kaum einer Routine unterliegt. Bei „normalen" Verhandlungen über Produkte oder Preise kann man auf bewährte Methoden, Richtlinien, Regeln und Beispiele zurückgreifen. Bei Krisenverhandlungen leider oft nicht. Zwar entsteht eine Krise nur sehr selten von heute auf morgen, es gibt immer Hinweise oder Tendenzen, welche schon lange vor der Krise sichtbar sind, doch meist von den Verantwortlichen nicht bemerkt oder gar ignoriert werden. Eine Krise hat in der Regel immer einen Vorlauf. Dennoch, wenn die Krise eintritt, ist sie zumindest in der Außendarstellung für jeden Beteiligten überraschend. Diese Krisenumstände erfordern einige zusätzliche Anforderungen für Verhandlungsparteien, auf die ich kurz nachfolgend eingehen möchte.

© Der/die Autor(en), exklusiv lizenziert durch Springer
Fachmedien Wiesbaden GmbH, ein Teil von Springer Nature 2021
C. A. De Brabandt, *Verhandeln in Krisenzeiten*, Fit for Future,
https://doi.org/10.1007/978-3-658-34839-7_4

4.1   Lasst endlich Profis ran!

So titelte Claus Hecking am 24.02.2021 seine Artikel-
überschrift im Magazin „Spiegel Wirtschaft" [15]. Im
Rahmen seiner Recherche zur Corona-Krise in Deutschland, dass Impfstoff fehlt, und wenn dieser verfügbar ist,
sogar liegen bleibt, trifft diese Headline in Schwarze.
Weiter schreibt Hecking im Artikel: „Die missglückte
Impfkampagne ist ein weiteres Versagen in einer immer
längeren Kette. Sie zeigt: Bundesregierung und Landes-
regierungen können es nicht."

Die Zeitschrift „Stern" [16] zog in ihrer Aus-
gabe 13/2021 am 25.03.2021 sogar mit der Titelstory
nach: „Lasst jetzt Profis ran! Wo Merkel, Spahn und Co.
versagen, braucht es nun erfahrene Krisenmanager".

Ich erlebe immer wieder in Verhandlungen, dass
Menschen, welche eine Krise erzeugt haben, diese Krise
wieder bereinigen sollen. Der Spruch: „Du hast dir die
Suppe selbst eingebrockt, nun löffle diese Suppe auch
wieder aus", funktioniert in Krisensituationen nicht. Aus
meiner Erfahrung verfügen die Personen, welche die Krise
verursacht hatten, nicht über die nötige Kompetenz, um
die Krisensituation zu beenden. Hätten diese Menschen
diese Kompetenz, wäre es ja nicht zu einer Krise
gekommen.

Meine Empfehlung lautet, lasst Experten Krisenverhandlungen führen. Ausgewiesene Krisenverhandlungs-
experten besitzen neben den exzellenten Kenntnissen der
Verhandlungsführung zusätzlich eine ausgewiesene Sozial-
und Changekompetenz. Eine identische Krise geschieht
nicht zwei- oder mehrmals nacheinander. Eine Krisensituation ist immer neu, ist immer verschieden. Krisenmanager und Krisenverhandler müssen daher immer
die Fähigkeit mitbringen, sich sehr schnell auf ändernde

Situationen einzustellen, und basierend auf der zu einem bestimmten Zeitpunkt vorliegenden Datenbasis Entscheidungen fällen. Entscheidungen bedürfen Mut, auch wenn die Entscheidung nicht jedem Menschen gefällt und wehtut. Erfahrene Krisenmanager und Krisenverhandler sind nie Neulinge in ihrem Handeln. Sie sind Profis.

4.2 Stress zum persönlichen Freund machen

Viele Menschen fühlen sich gerade in Krisenzeiten gestresst. Der größte Stressverursacher für unser Gehirn ist die Situation, etwas nicht deuten, begreifen oder sehen zu können. Ist Menschen die Situation klar, der Weg zum Ziel ersichtlich, also definiert, so wird von Überlastung und nicht von Stress gesprochen. Stress ist, wenn etwas nicht klar ist, wenn etwas fehlt oder etwas verschwiegen wird. Wichtig ist daher definitiv zu unterscheiden, handelt es sich wirklich um eine Stressreaktion oder um eine Überlastungssituation?

Beispiel

Stellen wir uns mal folgende Situation vor. Sie sind ein Assistent. Es ist Freitag, 17 Uhr, und Sie wollen nach Hause gehen. Gerade in diesem Moment kommt Ihr Chef ins Büro und legt Ihnen fünf Aktenordner auf den Tisch. Es tut ihm unendlich leid, sagt er, aber diese Aktenordner braucht er am Samstagmorgen überarbeitet für seine nächste Geschäftsreise. Er bittet Sie, diese Aktivität noch zu erledigen, bevor Sie in den wohlverdienten Feierabend nach Hause gehen. Sie sind jetzt zwar etwas eingeschnappt, hatten Sie sich doch mit Ihrem Lebenspartner zum Abendessen verabredet. Aber als guter, und vor allem loyaler Assistent werden Sie die Arbeit erledigen. Sie wissen aus Erfahrung, dass Sie für jeden Aktenordner eine Stunde benötigen werden. Die Zeit nun: 17 Uhr. Das geplante Ende ist für Sie nun gegen 22 Uhr. Sie rufen kurz Ihren Lebenspartner an, entschuldigen sich, dass der „Alte" mal wieder gepennt hat, und berichten, dass Sie gegen 22.30 Uhr zu Hause sein werden. Alles ist in Ordnung. Bei diesem Fall spricht man in der Stressforschung von einer Überlastungssituation, da alle Faktoren wie Wissen, Fähigkeiten und Uhrzeit bekannt sind. Das Gehirn und Ihr Körper kann sich auf diese Situation einstellen.

Anders sieht es aus, wenn in der identischen Ausgangslage Sie neu in dieser Assistentenrolle sind, Sie diese Aufgabe zuvor noch nie erledigt haben. Sie haben nun keine Ahnung, wie lange Sie für diese Tätigkeit benötigen werden. Sie haben keine Ahnung, was Sie Ihrem Lebenspartner mitteilen können, wann Sie nach Hause kommen? Werden Sie überhaupt bis zum nächsten Morgen rechtzeitig die Ordner für Ihren Vorgesetzten überarbeitet haben? Jetzt spricht die Stresspsychologie von einer gestressten Situation. Sie haben keinen Orientierungspunkt, an den Sie sich richten können. Alles ist ungewiss. Ihr Geist und Körper geraten in Stress. Ihre Leistung reduziert sich, was Sie zusätzlich stresst.

Sie sehen, je mehr Informationen Sie in einer Verhandlung bereit haben, was wiederum auf eine gute Vorbereitung beruht, umso gelassener können Sie mit Stress umgehen. Machen Sie Stress zu Ihrem Verhandlungspartner.

Dieses möchte ich auch weiter ergänzen. In Krisensituationen kommt es darauf an, für beide Parteien eine annehmbare Lösung zu finden, um gemeinsam gestärkt aus der Krise kommen zu können. Vermeiden Sie daher bitte Taktiken und Strategien, Ihren Verhandlungsgegner unter Stress zu setzen. Schaffen Sie eine krisenerprobte und stressfreie Verhandlungsatmosphäre, denn in Krisenzeiten sollten Sie vom Verhandlungspartner und nicht vom Verhandlungsgegner sprechen. Stressende Faktoren, wie dunkle unbelüftete Räume, Zeitknappheit, falsche Ernährung wie Kohlenhydrate, können Sie wieder als

Verhandlungsstrategie einsetzen, wenn die Krise gemeistert ist.

Arbeiten Sie zuvor zusätzlich an Ihrer eigenen Stressresistenz. Verzichten Sie vor und während langen und intensiven Verhandlungsmarathons auf Kohlenhydrate und Fette. Achten Sie auf gesunde ausgewogene Ernährung. Und halten Sie sich fit. Ich empfehle Ihnen dreimal wöchentlich lange Spaziergänge in freier Natur. Atmen Sie die frische Luft ein, bis Sie diese Luft in den hintersten Bronchien spüren. Hören Sie auf den Wind, fühlen Sie den Boden unter Ihren Füßen, riechen Sie Pflanzen oder Tiere? Kurz gesagt, schärfen Sie einfach alle Ihre Sinne. Diese sind in Krisenverhandlungen überlebenswichtig.

4.3 Virtuelles Verhandeln

Virtuelles Arbeiten sowie auch virtuelles Verhandeln gibt es schon seit der Jahrtausendwende. Sicherlich hat die Corona-Pandemie den Trend zum Homeoffice einen richtigen Schub verpasst. Grundsätzlich gelten beim virtuellen Verhandeln die gleichen Voraussetzungen wie bei Verhandlungen in einem Raum. Der sogenannte Raum ist eben nur geografisch erweitert. So ist es auch von Wichtigkeit, in der Vorbereitung eine gute Organisation des Ablaufs vorzubereiten. Die Einladung zum virtuellen Verhandlungsmeeting erfolgt per Einladungslink. Die gängigsten Businesssysteme sind Skype, Zoom, Teams und GoToMeeting. Es gibt aber noch unzählige mehr, welche einfach im Internet zu finden sind.

Virtuelle Infrastruktur
Wie auch im realen Meeting sollte der virtuelle Raum perfekt vorbereitet sein. Angefangen damit, dass sich der

Moderator mit dem gewählten Online-Tool bestens aus-
kennt. Es ist schon peinlich, wenn der Organisator im
Meeting fragen muss: „Welchen Knopf muss ich drücken?
Wie kann ich den Bildschirm teilen? Sehen Sie alles?"
Achten Sie zudem darauf, dass Sie während des Meetings
eine stabile und ausreichende Internetverbindung haben.
Wählen Sie auch den Raum und den Hintergrund
passend. Informieren Sie auch, vor allem wenn Sie in
Großraumbüros oder offenen Büroräumen beschäftigt
sind, alle Anwesenden im Arbeitsraum vorweg, dass Sie
an einem Online-Meeting zu einer bestimmten Zeit,
teilnehmen. Das gilt auch für Anmeldung, Sekretariat
und auch für die Vorgesetzten. Sie werden mir nicht
glauben, wie viele Störfaktoren gerade in Unternehmen
auftreten können. Angefangen von störenden Kollegen,
eingehenden Anrufe oder E-Mails bis hin zu Privatnach-
richten. Es sind unzählige.

Wählen Sie auch einen Raum, welcher Ihre Firma
repräsentiert. Bedenken Sie, Ihr Gegenüber am Bildschirm
sieht nicht nur Sie, sondern auch das Drumherum. Eine
Verhandlung in der Caféteria abzuhalten, mit den Hinter-
grundgeräuschen einer Kaffeemaschine, ist nicht sinnvoll.

Achten Sie auch auf die Lichtverhältnisse. Überlegen
Sie sich vorher genau, welchen Hintergrund Sie wählen.
Vor einem Fenster eine Videokonferenz abzuhalten, ist
nicht ratsam. Viele Kameras können die Lichtverhältnisse
nicht ausgleichen. Ist der Hintergrund durch Sonneneinstrahlung zu hell, sieht man Ihr Gesicht nicht.

Auch was die Pausen betrifft, planen Sie diese ein,
teilen Sie diese mit oder versorgen Sie sich zumindest vor
dem Online-Meeting mit Wasser, Tee, Kaffee und
Snacks, sodass Sie nicht während der Verhandlung aufstehen müssen und eventuell einen Teil der Verhandlung
verpassen. Dieses gilt auch für alle zur Verhandlung

benötigten Unterlagen. Haben Sie alles, was Sie zur Verhandlung benötigen, vor Beginn in greifbarer Nähe.

Sie sehen also, Vorbereitung, Planung, Begrüßung, Ablauf und Ende sind identisch mit einer ganz normalen realen Verhandlung. Aber es gibt drei wesentliche Unterschiede.

Erstens. Jedes Online-Meeting kann live aufgezeichnet werden. Orientieren Sie sich daher zuvor, ob das Meeting aufgezeichnet wird, und was anschließend mit den Daten und dem Protokoll passiert. Beachten Sie dazu, dass es in einigen Ländern Datenschutzrichtlinien gibt, welche einzuhalten sind.

Zweitens. Bemühen Sie sich, dass jeder Teilnehmer am Meeting seinen eigenen Zugang hat. So sehen Sie alle Beteiligten und können individuell die Verhandlungspartner ansprechen. Damit vermeiden Sie, dass Gespräche und Aktivitäten im Raum stattfinden, welche Sie nicht wahrnehmen können. Dies könnte für Sie eine Schwächung Ihrer Verhandlungsposition bedeuten.

Drittens. Emotionen und Gefühle können durch die Kamera verfälscht werden. Gerade das in realen Meetings augenscheinliche Kopf-Bauch-Widerspruchsyndrom ist schwer zu erkennen. Damit ist gemeint, dass Kopf und Bauch, in diesem Fall der Körper, unterschiedlich auf einen Verhandlungspunkt reagieren. Ich sagte es schön öfters. Der Kopf denkt „Nein", doch der Mund sagt „Ja". Menschen kaufen von Menschen. Gefühle und Emotionen haben immer ein Gesicht. Wenn Ihnen umgangssprachlich etwas „spanisch" vorkommt, fragen Sie nach. Achten Sie aber darauf, dass Ihre Frage den richtigen Ansprechpartner trifft. Überlegen Sie im Vorfeld der Frage auch, ob alle an der Krisenverhandlung beteiligten Menschen diese hören sollen oder.

Viertens. Sprechen Sie klar und deutlich. Artikulieren Sie richtig. Vermeiden Sie wenn möglich einen Dialekt.

Präsenz und Souveränität

Erinnern Sie sich noch an den Buchstaben „M" in der Performer-Methode? „M" steht für „Magnetism," also für Präsenz, Wirkung und Souveränität. In einem realen Treffen achten alle Verhandlungspartner auf Aussehen und Etikette. Leider scheinen manche Kollegen dieses vor der Kamera zu vergessen. Nochmals, Sie vertreten auch beim virtuellen Verhandeln ein Unternehmen. Auch wenn es Ihr eigenes ist. Passende Kleidung, gepflegtes Aussehen und das Berücksichtigen der Höflichkeitsformeln sind bei virtuellen Verhandlungen ebenso ein Muss wie bei einem realen Treffen. Bedenken Sie, Sie wirken immer und überall. Menschen können nicht nicht wirken. Wirkung und Präsenz und die damit verbundene Souveränität ist bei Menschen unterschiedlich ausgeprägt. So gilt auch vor der Kamera das Zitat:

„Es gibt keine zweite Chance für den ersten Eindruck!"

Aber natürlich gibt es Ausnahmen. Vielleicht gehören Sie zu den Menschen mit dem Motto: „Ist der Ruf erst ruiniert, verhandelt es sich frei und ungeniert!". Darf ich Sie fragen, wie sehen Sie Ihre Gesamtpaket? Was würden Ihre Kollegen zu Ihnen sagen, wenn Sie um eine ehrliche Meinung bitten würden, wie Sie, vor allem vor der Kamera, wirken?

Homeoffice

Was für das Büro gilt, gilt vor allem auch, wenn Sie vom Homeoffice aus verhandeln. Auch zu Hause sollten Sie vor der Videokonferenz alle Anwesenden im Haus oder in der Wohnung über Ihr Verhandlungsmeeting am Computer informieren. Das peinlichste, was mir in einer Online-Verhandlung von Homeoffice zu Homeoffice passiert ist, war der nackte Lebensgefährte, der plötzlich hinter der Verhandlungspartnerin stand und in die Kamera blickte. Glauben Sie mir, das war nicht nur peinlich für meine Verhandlungspartnerin am anderen Ende, sondern auch für mich. Das ist ein Anblick, den habe ich lange nicht mehr aus meinem Kopf bekommen. Jedes Mal, wenn ich jetzt mit dieser Dame wieder verhandle, frage ich zuerst, ob Ihr Lebensgefährt bekleidet ist. Heute können wir beide darüber lachen, aber im ersten Moment war es mehr als nur peinlich.

Ich kenne einen Einkäufer in einem Unternehmen, bei dem laufen immer Katzen über die Tastatur. Zum Glück liebe ich Tiere sehr und habe damit kein Problem. Sie können aber auch an einen Tierfeind gelangen und schon sind Sie bei Ihrem Gegenüber unter durch. Ein sehr guter Freund ist Whisky-Liebhaber. Im Hintergrund seines Stuhles im Regal sind bestimmt über 50 verschiedene Whiskys zu erkennen. Mein Freund könnte bei dem einen oder anderen Gegenüber bestimmt als Trinker gesehen werden.

Suchen Sie sich daher im Homeoffice einen Ort, wo Sie in aller Ruhe ungestört kommunizieren und verhandeln können. Am besten einen gesonderten Raum mit idealem Licht und neutralen Wänden im Hintergrund. Sie haben an den Beispielen erkannt, was Menschen aus dem sichtbaren Hintergrund alles interpretieren. Lassen Sie solche Interpretationen nicht zu.

Auch empfehle ich nur Verhandlungsprofis beim virtuellen Verhandeln einzusetzen. Sie sind keiner? Dann entwickeln Sie sich dahin. Virtuelles Verhandeln wird in Zukunft immer wichtiger und ist ein Erfolgsfaktor von morgen. In Tab. 4.1 habe ich die wichtigsten Verhandlungstipps kurz zusammengefasst. Ich lade Sie natürlich ein, diese Tabelle zu erweitern.

Tab. 4.1 Übersicht virtuellen Verhandelns

	Konnektivität: Überprüfen Sie Ihre Internetverbindung; falls WIFI vorhanden, ist noch jemand im Büro oder zu Hause, der etwas streamt? Dies kann die Streaming-Qualität beeinträchtigen.
	Internetbrowser: Die Kommunikations- oder Verhandlungsplattform überprüfen, ob diese mit Ihren neuesten kompatiblen Versionen von Internet Explorer, Google Chrome, Microsoft Edge und Safari funktioniert.
	Nicht vergessen, Ihren Computer vor der Verhandlung neu zu starten, um Software Updates zu vermeiden, und öffnen Sie nur die relevanten Programme, die Sie für die Verhandlung benötigen (z. B. Zoom, Microsoft Teams, Skype, Amazon Chime, Webex etc.)
	Vermeiden Sie, sich über das Handy zu verbinden: Die mobilen Apps sind ausgezeichnet und bieten eine großartige Plattform zu präsentieren, wenn es keine anderen Optionen gibt. Dennoch hat man über den Desktop oder Laptop ein hervorragendes Erlebnis. Optionen wie Inhalte teilen und die Interaktion mit Zuschauern sind viel einfacher zugänglich und leistungsfähiger auf dem Desktop-Client als auf dem Handy.
	Visuelle Präsentation:
	Kamera: Sie können eine eingebettete Laptop- oder USB-Webcam verwenden. Wie oben erwähnt, wenn keines davon verfügbar ist, kann die Präsentation über das Handy ein absoluter letzter Ausweg sein.
	Bitte stellen Sie sicher, dass HD in der Zoom-App aktiviert ist.
	Garderobe: Tragen Sie ein einfarbiges Hemd/Kleid oder eines mit minimalen Mustern oder Aufdruck.
	Vermeiden Sie geschäftige Muster wie Hahnentrittmuster, da diese auf der Kamera verschwommen erscheinen.
	• Ihr Hemd/Kleid sollte eine andere Farbe haben als Ihr Hintergrundbild.
	• Der Dresscode ist von Kopf bis Fuß „Smart Casual". Bitte keine T-Shirts.

(Fortsetzung)

Tab. 4.1 (Fortsetzung)

Hintergrund: Virtuelle Hintergründe können nach Belieben verwendet werden, jedoch bitte denken Sie daran, dass die Kanten Ihres Gesichts/Kopfes in dem Hintergrund nicht abgeschnitten werden, wenn Sie sich bewegen.

Präsentationsmaterialien: Wenn Sie Materialien während Ihrer

Präsentation vorstellen, führen Sie ein Tech-Check Screen-Sharing-Test durch zur Live-Sitzung oder aufgezeichneten Sitzung.

Wenn Sie PowerPoint während Ihrer Präsentation verwenden, halten Sie bitte Ihre Notizen bereit zu verweisen, während Sie sprechen. Bitte denken Sie daran, auf Ihre Webcam zu schauen, besonders, während man Notizen verwendet!

Beleuchtung: Professionelle Beleuchtung ist nicht erforderlich, man kann mit vorhandenen Lampen auskommen, wenn sie gut positioniert sind. Wichtig ist, dass die Lichter auf Ihr Gesicht gerichtet sind.

Alle Lichter hinter Ihnen (Hintergrundbeleuchtung), ob

natürliches Licht durch Fenster oder elektrisches Licht, wird Ihr Gesicht beschatten. Wenn Sie zusätzliche Beleuchtung wünschen, können Sie diese überall bekommen, wo Computerausrüstung verkauft wird. Es wird jedoch kein Ausrüstungskauf erwartet.

Audio: Für bestes Audio ist es ideal, ein Headset zu tragen. Dadurch wird sichergestellt, dass das Mikrofon nah an Ihrem Mund bleibt und der Ton aus den Lautsprechern kein Feedback oder Echo produziert. Im Allgemeinen sind kabelgebundene Headsets vorzuziehen, drahtlos/Bluetooth, jedoch können beide verwendet werden. Wenn Sie kein Headset haben, können Sie die Lautsprecher und das Mikrofon Ihres Laptops/Desktops verwenden.

Audioprobleme sind nicht so leicht zu erkennen wie Videoprobleme.

Testen Sie Ihre Ausrüstung mit einem Freund oder Kollegen und fragen Sie ihn, wie Sie klingen.

(Fortsetzung)

Tab. 4.1 (Fortsetzung)

 Framing: Sie möchten Ihren Kamerawinkel so einstellen, dass Sie in
das Fenster wie ein Nachrichtensender hineinschauen. Sie wollen nicht zu nah sein, und Sie möchten in der Mitte des Rahmens positioniert sein. Für beste Ergebnisse positionieren Sie Ihre Webcam auf Augenhöhe auf einem stabilen Stand oder stellen Sie auf eine Plattform.

 Ablenkungen entfernen: Um die besten Ergebnisse zu erzielen, schalten Sie die Benachrichtigungen auf Ihrem Handy oder andere Geräte in der Nähe stumm. Bitte wählen Sie einen ruhigen Ort ohne Umgebungsgeräusche.

 Weisen Sie Ihrem Team klare Rollen zu: Anrufe oder Videokonferenzen mit vier oder mehr Teilnehmern können schnell aus der Bahn geraten. Stellen Sie sicher, dass Sie sich fragen: Wer eröffnet das Meeting? Vorschlag erklären? Fragen beantworten? Nächste Schritte zusammenfassen? Wie werden wir offline miteinander kommunizieren?

 Team Kommunikation: Legen Sie Offline-Methoden für das Chatten fest – und üben Sie damit. Es gibt viele erschreckende Geschichten von „privaten" Nachrichten, die versehentlich auf jedem Bildschirm angezeigt werden. Um dies zu vermeiden, verwenden Sie unterschiedliche Hardware oder Programme zum Chatten. Wenn Sie beispielsweise einen Computer zum Zoomen verwenden, verwenden Sie Ihren Laptop zum Chatten.

 Zeitplan: 30 Min. vor Beginn der Sitzung: Teamgespräch zur Überprüfung und Fertigstellung des Inhalts, kurzer Übungslauf (ca. 1 bis 2 Min.) zu Beginn der Sitzung zur Qualitätskontrolle, technische Kontrolle und Fragen vorbereiten – um wirklich verhandlungsbereit zu sein, antizipieren Sie für Fragen, die Sie nicht wollen, Antworten.

4.4 Digitales Verhandeln (gegen Roboter)

Lassen Sie uns einen Blick in die Zukunft wagen, in eine nicht allzu weite Zukunft. Einer der großen Gewinner der Corona-Pandemie ist die Fahrradbranche. Stellen wir uns eine mögliche Verkaufssituation im Fahrradgeschäft von morgen vor.

Ein Kunde sitzt einem Fahrradverkäufer gegenüber, und verhandelt mit ihm die Konditionen eines Kaufvertrags. Dass der Verkäufer ein Roboter ist, merkt der Kunde gar nicht. Der Verkäufer spricht die Sprache und den Dialekt des Kunden. Angepasst ist auch die Redegeschwindigkeit und der Verkäufer benutzt auffallend oft dieselben Worte, Satzstellungen und auch die Grammatik. Der Verkäufer passt sich auf das „Niveau" des Käufers an und beherrscht die komplette Produktpalette unzähliger Fahrradmodelle. Die Szene klingt nach Science-Fiction, aber sie ist gar nicht mehr so unwahrscheinlich. Denken Sie nur an Sophia Robot, ein vom Hongkonger Unternehmen Hanson Robotics entwickelter humanoider Roboter, welche u. a. als erster Roboter bereits 2017 die Staatsbürgerschaft von Saudi-Arabien erhielt.

In Zukunft verhandeln Roboter besser als Menschen. Roboter werden immer empathischer, situativer, flexibler, trickreicher und facettenreicher. Sie sind in der Lage, im Millisekundenbereich die für die Verhandlung benötigten Informationen aus Ihrem Datenspeicher abzurufen. Kurz gesagt: Roboter werden erfolgreicher. Die Digitalisierung schreitet unaufhaltsam voran. Sie wird künftig alle Lebensbereiche durchdringen und sie miteinander verbinden, so auch das Verhandeln.

Das betrifft keineswegs nur Verhandlungsroboter in der Produktion, der Logistik, Handel oder bei

Dienstleitungen, sondern mittlerweile auch sehr stark den privaten Sektor. Das Smarthome ist ein Beweis dafür. Via Smartphone lassen sich nicht nur Türschlösser, Garagentore oder Kaffeemaschinen steuern, sondern auch das gesamte Energie- und Hausmanagement. Viele Dinge des Alltags sind bereits voll automatisiert, ohne dass wir darüber nachdenken, dass diese Daten gesammelt und ausgewertet werden. Diese Datenbasis ist es für die Einschätzung der Zukunft maßgebend. Angebot und Nachfrage, also Verkauf und Einkauf, mit dem damit verbundenem digitalen Verhandeln werden die Zukunft beeinflussen.

Ich mag mich an eine Situation im Jahr 2014 in New York erinnern. Ich durfte im Rahmen eines Digitalisierungsprojektes an einem Experiment in einem Jeans Store teilnehmen. In dem Moment, wo ein Kunde den Laden betrat, wurde das Model seines Smartphones gescannt. Im Shop waren somit alle Smartphone-Modelle bekannt. Daraus wurde über ein Zentralrechner der durchschnittliche Wert der im Shop befindlichen Smartphones errechnet. Was geschah mit den Jeanspreisen? Sie vermuten richtig. Je nach Durchschnittswert der Smartphones im Laden erhöhte oder verbilligte sich der Kaufpreis der Ware automatisch. Heute, gut acht Jahre später, würde ich dieses Experiment als Vorläufer des digitalen Verhandelns betrachten.

Mit einem einfachen Klick kaufen wir heute im Online-Shop und lösen eine Kettenreaktion diverser Handlungen aus, die mit dem Zustellen der Ware noch lange nicht abgeschlossen ist. Laut Informationen der Online-Plattform Oberlo [17] ist das Wachstum des Online-Shoppings beeindruckend. Es sieht demnach nicht so aus, als würde sich dieser Trend in nächster Zeit verlangsamen. Weiter schreibt Oberlo auf seiner Webseite, dass im Jahr 2018 schätzungsweise 1,8 Mrd. Menschen weltweit Waren online einkauften. Im gleichen Jahr beliefen sich die weltweiten E-Commerce-Umsätze auf 2,8 Billionen US$. Hochrechnungen zeigen, dass der weltweite Umsatz im Online-Einzelhandel im Jahr 2020 auf bis zu 4,8 Billionen Dollar anwuchs. Und all diese Bewegungen müssen verhandelt werden. Der Mensch als Individuum kann diese Menge nicht mehr verhandeln. Künstliche Intelligenz wird für die meisten Menschen das Verhandeln übernehmen.

Chatbots verhandeln erfolgreich mit Menschen.

Sprachroboter wie Alexa, Siri oder andere Systeme, wie sie bereits in diversen Kundenhotlines angewandt werden, sind schon täuschend menschlich. Mit unserer Stimme treten wir mit diesen Sprachassistenten in Kommunikation und lösen Handlungen aus wie Licht an und aus, fragen nach dem Wetterbericht für die nächsten Tage an unserem Zielort oder bestellen uns eine schmackhafte Pizza im Restaurant um die Ecke. Der Schlüssel dazu sind Chatbots (Bots: Kurzform für Roboter).

Und so wundert es nicht, dass Bots durch Künstliche Intelligenz (KI) in der Lage sind, mit Menschen zu verhandeln. Einer Gruppe von Forschern in den USA, unter ihnen ein Facebook-Team, gelang es, Chatbots das Verhandeln mit Menschen beizubringen. Zu Beginn der Versuchsreihen gaben die Forscher rund 5.000 Verhandlungsprotokolle in die intelligente Software. Das Programm analysierte den Verlauf der Verhandlungen. Anschließend führte ein so gefütterter Chatbots eine reale Verhandlung mit Menschen. Das Interessante dabei, die Wissenschaftler beobachteten, dass die Künstliche Intelligenz innerhalb der Bots anfing zu taktieren. Eigentlich eine strategische Maßnahme, wie Menschen es üblicherweise tun. Durch die Art und Weise des Versuchsaufbaus bemerkten die menschlichen Probanden gar nicht, dass sie zwischenzeitlich mit einem Roboter verhandelten.

Bei diesem Experiment handelte es sich um Versuchsreihen mit definierten Rahmenbedingungen. Sicher wird
es noch eine Zeit dauern, ehe die KI in den Robotern
ganz ausgereift ist. Doch das Verhandeln mit und gegen
Roboter wird kommen wie das Amen in der Kirche.
Technisch wäre bereits heute schon viele mehr möglich,
aber der Faktor Mensch spielt glücklicherweise noch nicht
ganz mit. Viele Menschen kaufen heute immer noch von
Menschen. Wie schon öfters in diesem Buch beschrieben,
zeigen Menschen gerade in Krisenverhandlungen Gefühle
und Emotionen. Ein Roboter verhandelt nur auf seinen
eigenen Erfolg und nimmt auf Befindlichkeiten des Verhandlungspartners keine Rücksicht. Bots verhandeln
nur Hard Facts. Kompromisse, welche gerade in Krisensituationen zum Wohle aller erreicht werden sollen, wird
es bei Roboter nicht geben. Noch nicht!

Das Fazit beim digitalen Verhandeln: Nicht alles
Machbare ist sinnvoll. Der Einsatz von digitaler Technik
oder „Digitaler Intelligenz" ist beim Verhandeln sinnvoll. Damit lassen sich Fehlerquoten minimieren, was
eine Reduktion der Kosten zur Folge hat. Aber gerade bei
Krisenverhandlungen darf die Frage erlaubt sein, ob durch
die Digitalisierung die Verhandlungsziele des Menschen
tatsächlich schneller, einfacher und leichter erreicht
werden oder ob eine zwischenmenschliche Interaktion das
besser erreicht.

Mit zunehmender Künstlicher Intelligenz wird es
mit Sicherheit zu vielen Veränderungen kommen. Aus
meiner Sicht werden sich in den nächsten Jahren hybride
Verhandlungsformen durchsetzen. Diese hybride Ver-
handlungsmischform, Automatisierung und KI auf der
einen Seite und auf der anderen Seite mal mehr, mal
weniger der Faktor Mensch, wird noch ein paar Jahre

unser aller Verhalten in Verhandlungen begleiten. Wie lange, das kann heute kein Mensch genau vorhersagen. Je eher wir die Mischform des hybriden Verhandeln akzeptieren, desto leichter fällt uns der Umgang mit neuer Technik und wir können unsere Verhandlungsstrategien und -techniken danach ausrichten. Angst – keine Alternative zu haben ... (gegen Roboter).

4.5   Angst, keine Alternative zu haben

Die größte Angst in Krisenverhandlungen, die ich bei vielen Kolleginnen und Kollegen festgestellt habe, ist die Angst, keine Verhandlungsalternative zu haben. Sobald aber Angst eine Verhandlung beherrscht, habe ich schon verloren. Ich bin im permanenten Verteidigungsmodus, im Überlebensdauerstress, der Körper reagiert mit einer Kohlenhydrat- und Fettproduktion und behindert meine Denkfähigkeit. Diese Denkblockade sitzt tief im Unterbewusstsein verankert.

Ich möchte einen guten Freund zitieren, der sagte:

„Ein bisschen mehr geht immer!"

Und so ist es. Es gibt immer eine Alternative. Vielleicht erscheint diese auf den ersten Blick nicht sichtbar oder ist nicht als Alternative erkennbar. Ich empfehle Ihnen daher sehr, sollten Sie im Vorfeld keine Alternative sehen, leisten Sie sich einen professionellen Verhandlungsmentor. Klar, Sie müssen erst investieren, aber ich versichere Ihnen, ein guter Mentor zahlt sich immer aus. Gerne nenne ich Ihnen den einen oder anderen guten Mentor, wenn Sie keinen kennen. Kontaktieren Sie mich einfach.

5

Praxisbeispiele für eine erfolgreiche Verhandlungsvorbereitung

Nachfolgend möchte ich auf drei Vorbereitungen näher eingehen, welche Sie auf alle Fälle für eine erfolgreiche Verhandlung benötigen. Diese haben sich als sehr vorteilhaft erwiesen, gerade wenn Sie für größere Unternehmen oder Konzerne verhandeln.

5.1 Vorbereitungstipp 1

Erstellen Sie ein sogenanntes Kundennachfrageprofil. Klären Sie dabei u. a. die Produkt- oder Serviceanforderungen über den zu verhandelnden Gegenstand. Beachten Sie dabei auch die allgemeinen rechtlichen Anforderungen (Abb. 5.1).

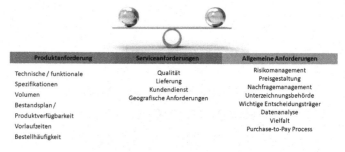

Abb. 5.1 Anforderungsprofil

Geschäftsanforderungen	Checkliste	Notes
Versorgungssicherheit	Wie kritisch oder dringend ist es, dieses Produkt oder diese Dienstleistung zu erhalten? Was passiert, wenn es zu Verzögerungen oder Lieferengpässen kommt?	
Qualität	Haltbarkeit Mängel Fehler	
Service	Empfänglichkeit Verfügbarkeit Aktualität Effizienz	
Kosten	Inventar Gesamtkostenarten Kaufkosten	
Bezahlung	Zahlungsbedingungen Zeit eine Anfrage zu beantworten	
Innovation	Planung für Änderungen in Technologie Recht Kundenwünsche oder Arbeitsweisen Vermeidung anpassen Neuen Ideen umsetzen die zur Verbesserung der Geschäftsprozesse beitragen	
Regulierung, Nachhaltigkeit und Compliance	Rechtliche und finanzielle Umwelt Ethisch Vielfalt Interner Prozess	

Abb. 5.2 Checkliste

5.2 Vorbereitungstipp 2

Erstellen Sie im Vorfeld eine Checkliste in Absprache mit Ihrem Unternehmen. Dieses ist wichtig, da das Verhandlungsziel die Strategie des Unternehmens bzw. der Aktionäre berücksichtigen muss (Abb. 5.2).

Die Gelegenheit einschätzen

- 75% der Lieferanten geben an, dass sie regelmäßig die am meisten bevorzugten Kunden an die Spitze der Zuordnungslisten für Materialien oder Dienstleistungen setzen, die regelmäßig Mangelware sind
- 82% geben an, dass diese Kunden durchweg ersten Zugang zu neuen Produkt- oder Serviceideen und -technologien erhalten
- 87% bieten den am meisten bevorzugten Kunden einzigartige Möglichkeiten zur Kostenreduzierung

Kunde der Wahl werden

- Beginnen Sie damit, sich selbst als Lieferanten anzusehen
- Verwenden Sie Interaktionen mit Lieferanten, um "versteckte" Entscheidungskriterien aufzudecken
- Als Kunde der Wahl geht es sowohl um Verkauf als auch um Kauf
- Kunden mit niedrigen Servicekosten sind für Lieferanten genauso attraktiv wie kostengünstige Lieferanten für Käufer

Abb. 5.3 Kunde nach Wahl

5.3 Vorbereitungstipp 3

Gerade in Krisenzeiten zeigt sich, dass langfristige Geschäftsbeziehungen von Vorteil sind. Streben Sie daher schon im Vorfeld ein Vertrauensverhältnis an. Etablieren Sie zum Beispiel einen „Kunden nach Wahl" (Abb. 5.3).

6

Fazit und Ausblick 2050

Nachfolgend möchte ich zusammenfassen, was aus
meiner Sicht die fünf wichtigsten Punkte bei Krisenverhandlungen oder bei Verhandeln in Krisenzeit sind.

6.1 Helfen Sie anderen, das Gesicht zu wahren

Respekt und Ansehen sind in Verhandlungen oft wichtiger
als Geld, unabhängig davon, ob es ums Business, oder
wie zu Beginn von Peter Buchenau beschrieben, um eine
Geiselnahme geht.

Was hat eine Verhandlung zwischen der Polizei und
Geiselnehmern gemeinsam mit dem Versuch, eine
Einigung im Tarifstreit zwischen Arbeitgeber und Gewerk-
schaften, eine Gehaltsverhandlung zwischen Chef und
Mitarbeiter oder gar eine politische Auseinandersetzung

zwischen zwei Ländern zu erwirken? Dem ersten Anschein nach gar nichts.

Bei all diesen Verhandlungen steht viel auf dem Spiel. Es wird Verlierer und Gewinner geben. Wenn wir uns die vier Fälle genauer anschauen, haben alle eine Gemeinsamkeit: Es geht immer darum, irgendwie das Gesicht zu wahren.

Was bedeutet das? In ihrer Arbeit über Höflichkeit in der Sprache beschreiben die Linguisten Penelope Brown und Stephen C. Levinson [18] den Begriff des Gesichts als „das öffentliche Selbstbild, das jeder Mensch für sich in Anspruch nehmen will". Das Gesicht steht dafür, wie jemand wahrgenommen werden möchte. Es ist verbunden mit Identität, Würde und Selbstvertrauen. Gerade in Krisenzeiten geht es in Verhandlungen noch intensiver darum, dass beide Parteien ihr eigenes Ansehen und das ihrer Auftraggeber bewahren. Der Erfolg von Krisenverhandlungen hängt davon ab, ob die Verhandlungsgegner ihr Gesicht wahren können und somit in Zukunft Verhandlungspartner werden.

6.2   Gehen Sie nie unvorbereitet in die Verhandlung

Gerade in Krisenzeiten drängt oft die Zeit. Egal, wie voll die Krisenagenda ist, egal, wie viele Termine Sie haben, professionelle Krisenverhandler bereiten sich akribisch vor. Nachfolgend liste ich kurz auf, welche Punkte mir bei der Vorbereitung äußerst wichtig sind.

1. Der Verhandlungspartner und seine Position
Es ist wichtig, möglichst viel über den Verhandlungspartner und seinen Auftraggeber herauszufinden. Was hat

er für einen Verhandlungshintergrund und was könnte ihm Nutzen bringen? Was könnte ihm Bauchschmerzen bereiten? Wie hoch ist seine Verhandlungskompetenz? Das bedeutet, ist er frei in seinen Entscheidungen oder muss er Rücksprache mit Organisationen, Familien oder der Politik nehmen? Je besser Sie die Organisationsstruktur hinter dem Verhandler kennen, umso besser für Sie.

Und haben Sie sich auch Gedanken darüber gemacht, was für ein Typ Mensch Ihr Verhandlungsgegner ist? Was für ein Typ sind Sie? Als gutes Schaubild verwende ich hier das DISG-Model (Abb. 6.1).

Jeder Mensch trägt vier grundsätzliche Vorlieben in je verschiedenem Verhältnis in sich. Mancher ist eher proaktiv (rot), mancher eher kreaktiv (gelb), mancher eher auf Menschen fokussiert (grün), und mancher mehr auf Objekte (blau). Für das sogenannte Verhandlungsprofiling ergeben sich daraus vier Grundtypen:

Dominante Verhandler (rot) sind proaktiv mit Objektbezug. Sie sind ergebnisorientiert, ungeduldig und vertragen keine Kritik. Verhandeln Sie hart und sachlich, aber lassen Sie Ihrem Gegenüber stets im Glauben, er ist der Größte.

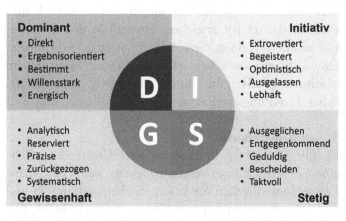

Abb. 6.61 DISG-Model

Kreative Verhandler (gelb) sind fröhlich, mitreißend und mit starkem Hang, immer Neues auszuprobieren. Sie neigen daher auch zur Selbstdarstellung. Verhandeln Sie so, dass die meisten Lösungsvorschläge von ihm kommen und anerkennen Sie seine Kreativität.

Gewissenhafte Verhandler (blau) sind reaktiv mit Fokus auf Objekten, analytisch, faktenbezogen, pflichtbewusst, kühl und sachlich. Verhandeln Sie hier gut vorbereitet mit allen nötigen Zahlen, Daten und Fakten.

Menschenfokussierte Verhandler (grün) sind reaktiv im Umgang mit Menschen, sind loyal, hilfsbereit und harmoniebedürftig. Sie sind die leichteste Beute in Verhandlungen und geben lieber nach, als sich unbeliebt zu machen. Sie haben keine Scheu davor, Gefühle zu zeigen. Verhandeln Sie mit viel Small Talk und geizen Sie nicht mit Komplimenten.

2. Ihr Ziel

Die wenigsten Verhandler formulieren konkrete Ziele. Ziele sind aber immer spezifisch, messbar, realistisch und terminiert. Erinnern Sie sich an eine frühere Aussage in diesem Buch: Ein Bergsteiger, der den Gipfel seines Aufstiegs nicht kennt, wird nie am Gipfel ankommen oder ein Schiffskapitän, der seinen Hafen nicht kennt, wird nie den Hafen erreichen. Sinnvoll ist es bei Krisenverhandlungen, einen Zielkorridor zu definieren. Die Differenz zwischen einem Minimal- und einem Maximalergebnis gibt Ihnen Flexibilität und zusätzlichen Handlungsspielraum.

3. Ausstiegsszenario

Es gibt ab und an Situationen oder Umstände, welche eine Zielerreichung verunmöglichen können? Meine Empfehlung: Brechen Sie besser die Verhandlung ab und definieren Sie einen weiteren Verhandlungstermin, als dass Sie einer schlechten Lösung zustimmen. Dazu müssen

Sie aber vorher definieren, wann und unter welchen Umständen Sie abbrechen.

4. Forderungen

Ist es Ihnen auch schon mal so ergangen, dass die Gegenpartei zu schnell auf Ihr Angebot zugestimmt hat? Was im ersten Blick als Erfolg aussieht, ist beim näheren Betrachten ein Misserfolg. Was leicht erreicht wird, ist nichts wert. Erfahrene Krisenverhandler haben immer zusätzliche Forderungen vorbereitet, die sie bei Bedarf in die Verhandlungsrunde einbringen können. Etwas mehr geht immer, lautet eine alte Verhandlungsweisheit.

5. Team

Ein Verhandlungsteam umfasst mehrere Rollen. Den Verhandlungssteuernde, die Assistenz vor Ort, eventuelle Unterverhandler sowie einen Chef, jederzeit erreichbar im Hintergrund. Weisen Sie jedem Teilnehmer im Team die jeweilige Rolle zu. Angefangen von der Begrüßung der Anwesenden, die Vorstellung der Agenda, die Protokollführung, das Einbringen von Fachexpertise und vieles mehr. Auch der Chef im Hintergrund, der gar nicht am Verhandlungstisch sitzt, muss einbezogen werden. Eitelkeit und Selbstüberschätzung ist hier fehl am Platz. Der Zweck, wozu der Chef im Hintergrund, informiert sein muss, ist, dass bei verfahrenen Situationen an die nächsthöher stehende Person eskaliert oder deeskaliert werden kann.

6.3 Setzen Sie eine Art F.I.R.E-Konzept um

Eine Krisenverhandlung nach dem F.I.R.E-Konzept beginnt immer mit dem Beziehungsaufbau. Verhandeln findet immer zwischen zwei oder mehreren Personen (künftig auch mit hybriden Menschen) statt. Was sind gute Werkzeuge zum Beziehungsaufbau? Verschenken Sie ein Lächeln. Flirten Sie ein wenig oder machen Sie Ihrem Gegenüber Komplimente. Gehen Sie ruhig in Vorleistung, wenn Ihr Verhandlungsgegenüber griesgrämig oder schlecht gelaunt ist. Schaffen Sie es, dass Ihr Gegenüber zurücklächelt, ist das erste Eis gebrochen. Humor kann bei dieser Übung helfen. Weil es so wichtig ist, nochmals. Es geht zu Beginn nicht darum, die gegnerische Seite durch logische Argumente zu überzeugen, sondern darum, eine positive Beziehung aufzubauen. Um mehr nicht.

In der nächsten Phase definieren Sie Themen und Begriffe. Reden wir zum Beispiel nur von Autos, so kann es sich bei einem Auto um einen Sportwagen, einen Kombi, ein Cabrio oder gar einen LKW handeln. Stellen Sie sicher, dass Sie wirklich über den gleichen Fahrzeugtyp verhandeln. Eine Verhandlung wird scheitern, wenn Sie über die Reifen eines Sportwagens verhandeln und Ihr Gegenüber mit den Reifen eines LKW dagegen verhandelt. Unklare Definitionen führen zu Missverständnissen. Interpretieren Sie nicht, hören Sie gut zu, und fragen Sie am besten nach.

Fassen Sie zur Sicherheit Gehörtes in eigenen Worten zusammen. Benutzen Sie dafür den Konjunktiv und weiche Formulierungen wie:

– *Mir scheint …*
– *Es wirkt so, als …*
– *Habe ich Sie richtig verstanden …*

In der nächsten Phase arbeiten Sie die Beweggründe Ihres Verhandlungspartners heraus. Diese entstammen meist den Grundbedürfnissen nach Maslow [19] und sind Selbstverwirklichung, wie Persönlichkeit, Wertschätzung, wie Anerkennung und Status, soziale Bedürfnisse, wie

Zugehörigkeit, Sicherheit, wie Geborgenheit und Schutz und psychologische Bedürfnisse, wie Essen, Trinken und Schlafen. Stellen Sie dazu die bekannten W-Fragen:

- *Was verstehen Sie darunter?*
- *Wie soll ein Ergebnis aussehen?*
- *Welchen Vorteil erwarten Sie dadurch?*

Das sind Informationen, die den Verhandlungspartner unbewusst beschäftigen und die sein Verhalten beeinflussen können.

Erst in der nächsten Phase geht das Verhandeln richtig los. Stellen Sie eine Forderung nach der anderen und warten Sie auf die Antwort. Formulieren Sie stets im Konjunktiv und immer als Frage.

- *Wäre es für Sie vorstellbar ..?*
- *Was genau hindert Sie ..?*
- *Vorhin haben Sie doch gesagt ...?*

Vermeiden Sie aber auf alle Fälle angreifende Ausdrücke wie: „Sie müssen" oder „Sie sollten". Machen Sie sich während jeder Verhandlung klar, dass Sie sich in einem Konflikt befinden und unterschiedliche Interessen vertreten. Das ist nichts Negatives.

Was ich auch immer wieder in Verhandlungen beobachte, ist, dass in vielen Fällen die Verhandlung schon abgeschlossen ist und die Verhandlungsparteien es versäumen, die Einigung dingfest zu machen. Holen Sie daher drei „Ja"-Bestätigungen ein:

- *Dann haben wir einen Deal?*
- *Habe ich alles richtig zusammengefasst?*
- *Somit steht einer Einigung (Verhandlungsziel) von Ihrer Seite nichts mehr im Wege?*

Bereiten Sie sich im Rahmen Ihrer Vorbereitung auf eine Phase vor, in der die Verhandlung womöglich einen Neustart braucht. Gesetzt den Fall, keine der Verhandlungsparteien ist zu Zugeständnissen bereit, und Sie selbst sind an Ihrem Ausstiegspunkt angekommen, so stehen Ihnen noch drei Eskalationsstufen zur Verfügung, um womöglich doch noch ein günstigeres Ergebnis zu erzielen: Bitten Sie den Verhandlungsgegner, Ihnen bei der Lösung des Problems zu helfen.

– *Wie können wir das trotzdem hinbekommen?*

Hilft das nicht, warnen Sie vor dem Scheitern der Verhandlung, ohne dem anderen anzugreifen oder zu beschuldigen.

– *Ich befürchte, wenn wir diesen Punkt nicht klären, wird unsere Zusammenarbeit in Zukunft äußerst schwierig werden.*

Bleibt auch das fruchtlos, fragen Sie direkt:

– *Haben Sie die Verhandlung aufgegeben?*

Ist Ihr Verhandlungsgegner tatsächlich an seinem Ausstiegspunkt, so sollten nun klare Antworten folgen. Kommen dagegen Antworten wie „Eigentlich" oder „Grundsätzlich", so gibt es noch Spielraum.
Das F.I.R.E-Konzept baut darauf auf, Emotionen zu erkennen. Worte lassen sich gerade bei rhetorisch geschulten Verhandlern gut kontrollieren. Mimik, Körpersprache und Stimme aber dagegen kaum. Hier einige Emotionen samt ihrer Bedeutung und Möglichkeiten, wie Sie professionell reagieren können:

– *Wer Angst zeigt, wittert Gefahr. Wenn Sie kooperieren wollen, entschärfen Sie die Situation.*
– *Wer überrascht wirkt, verarbeitet eine unerwartete Information. Jetzt ist die Zeit, Forderungen zu stellen.*
– *Wer Trauer fühlt, hat wichtige Verhandlungspunkte verloren. Das kann ein Mensch, ein Objekt, ein Produkt oder eine Verhandlung sein. Hören Sie zu und bieten Sie Unterstützung an.*
– *Wer Ärger spürt, hat sein Ziel nicht erreicht oder sein Grundbedürfnis wurde verletzt. Wenn Sie helfen wollen, zeigen Sie Verständnis für die Situation und beseitigen das Hindernis.*
– *Wer Verachtung zeigt, sieht die Leistung seines Gegenübers als minderwertig an. Hier empfiehlt es sich, das eigene Verhalten zu überdenken.*
– *Wer Freude zeigt, hat sein Ziel erreicht hat. Jetzt keine weiteren Zugeständnisse eingestehen. Ihr Gegenüber ist längst zufrieden.*

6.4   Verhandeln in Zukunft

Digitale Technik, Internet of Things und Künstliche Intelligenz halten nicht nur Einzug in den geschäftlichen Alltag, sondern auch in unser Privatleben. Sie nehmen immer mehr Raum in unserer Gesellschaft ein. Smarthome, autonomes Fahren, Chatbots in Hotlines oder bei verschiedenen Internetservices sind bekannte öffentliche Beispiele der voranschreitenden Technik. Gerade aber die humanoiden Roboter, jene mit emotionalen Softwareprogramme, die die Kommunikation, zwischen Menschen und Maschine ermöglichen, werden immer intelligenter und lassen sich immer weniger von menschlichen Verhalten unterscheiden.

Es ist nur noch eine Frage der Zeit, wann die Technik so weit ist, dass wir mit Menschen und Maschinen oder gar beidem verhandeln werden. Ich kann mir daher auch gut hybride Lebensformen, also ein Zusammenwachsen zwischen Menschen und Maschine in Zukunft, den sogenannten Homo Digitalis, gut vorstellen. Erste erfolgreiche Versuche gab es bereits. Rafael Capurro hat dieses schon in seinem Buch „Homo Digitalis – Beiträge zur Ontologie, Anthropologie und Ethik der digitalen Technik" gut dargestellt [20].

Der Einsatz des Homo Digitalis wird mit Sicherheit das Verhandeln und die entsprechenden Techniken verändern, wenn nicht gar revolutionieren. Das Verhandeln wird in fünf bis zehn Jahren ein anderes sein, als wir es heute kennen. Darauf müssen wir Menschen uns einstellen. Heute jedoch, im Jahr 2022, verhandeln wir im Krisenmanagement mit Manieren, Benehmen, Etikette und Werte. Ich hoffe und wünsche mir für die Zukunft, dass Verhandlungen, egal ob krisenbezogen oder nicht, doch irgendwie menschlich, also emotional bleiben. Ich freue mich auf die Zukunft.

Literatur

1. Quadriga Center of Negotiation. https://www.c4-quadriga. eu/f-i-r-e-business-negotiation-system-fuer-erfolgskritische- verhandlungen/. Zugegriffen: 19. May 2021.
2. Institut für Führungskultur im digitalen Zeit- alter, Frankfurt, Metastudie 2019. https://ifidz.de/ digital-leadership-beratung-metastudie/.
3. Fisher, Ury, Patton, Das Harvard-Konzept: Die unschlag- bare Methode für beste Verhandlungsergebnisse, Deutsche Verlags-Anstalt, 4. Edition (20. August 2018).
4. https://de.wikipedia.org/wiki/Krise. Zugegriffen: 19. May 2021.
5. Richard von Weizsäcker, Zitat. https://www.xuexizhongwen. de/chance-und-krise.htm. Zugegriffen: 19. May 2021.
6. Ralf Geisler, MDR Nachriten Leipzig 4.12.2020. https:// www.mdr.de/nachrichten/deutschland/wirtschaft/corona- krise-branchen-wachsen-100.html. Zugegriffen: 19. May 2021.
7. Panse, Stegmann, Kostenfaktor Angst, MI 2001.

C. A. De Brabandt, *Verhandeln in Krisenzeiten*, Fit for Future, https://doi.org/10.1007/978-3-658-34839-7

8. Handwerk.com. https://www.handwerk.com/8-gruende-fuer-gescheiterte-verkaufsgespraeche. Zugegriffen: 19. May 2021.

9. Carnegie, Sorge dich nicht, lebe, FISCHER Taschenbuch, 9. Aufl., Neuausgabe (9. September 2011).

10. https://de.wikipedia.org/wiki/Peter_Buchenau. Zugegriffen: 19. May 2021.

11. Buchenau, Mach, was dein Herz dir sagt. (6.03.2019). Metropolitan Verlag Regensburg.

12. Carl von Clausewitz, Zitate. https://www.quotez.net/german/carl_von_clausewitz.htm. Zugegriffen: 19. May 2019.

13. Buchenau, Nein gewinnt. (5.08.2015). Springer Verlag Wiesbaden.

14. Ramelow, MDR Thüringen 27.03.2021. https://www.mdr.de/nachrichten/thueringen/mitte-thueringen/erfurt/ramelow-fordert-aenderungen-corona-gipfel-100.html.

15. Claus Hecking, Der Spiegel, 24.02.2021. https://www.spiegel.de/wirtschaft/soziales/corona-impfstoff-lasst-endlich-profis-ran-a-dc9bf381-574c-40f4-a03b-b0e7eba68cb7.

16. Stern 13/21, Lasst jetzt die Profis ran. https://www.meine-zeitschrift.de/stern-9-2021.html.

17. Oberlo Online Statistiken, Online Shopping. https://www.oberlo.de/blog/online-shopping-statistiken#:~:text=1.-,Wie%20viele%20Leute%20kaufen%20online%20ein%3F,%2C8%20Billionen%20US%2DDollar. Zugegriffen: 19. May 2021.

18. Brown & Levinson, Politeness. (1987). CAMBRIDGE UNIVERSITY PRESS.

19. Maslow, Motivation und Persönlichkeit. (1981). roroo.

20. Capurro, Homo Digitalis. (21.04.2017). Springer Wiesbaden.

Printed in the United States
by Baker & Taylor Publisher Services